湖北省农业行政执法文书制作范例

◎ 李宗友　主编

中国农业科学技术出版社

图书在版编目（CIP）数据

湖北省农业行政执法文书制作范例 / 李宗友主编. --北京：中国农业科学技术出版社，2023.10

ISBN 978-7-5116-6462-4

Ⅰ. ①湖… Ⅱ. ①李… Ⅲ. ①农业执法－行政执法－法律文书－范文－湖北 Ⅳ. ①D926.13

中国国家版本馆 CIP 数据核字（2023）第 194472 号

责任编辑 穆玉红
责任校对 马广洋
责任印制 姜义伟 王思文

出 版 者 中国农业科学技术出版社
北京市中关村南大街 12 号 邮编：100081
电 话 （010）82106626（编辑室）（010）82109702（发行部）
（010）82109709（读者服务部）
网 址 https：// castp.caas.cn
经 销 者 各地新华书店
印 刷 者 北京科信印刷有限公司
开 本 210 mm × 285 mm 1/16
印 张 10
字 数 200 千字
版 次 2023 年 10 月第 1 版 2023 年 10 月第 1 次印刷
定 价 68.00 元

《湖北省农业行政执法文书制作范例》
编辑委员会

序　言

农业行政执法文书是农业行政处罚机关为实现农业行政监督管理职能，在现场监督和行政执法过程中，针对特定对象依法制作的具有法律意义的公用文书，是农业行政执法行为的重要载体和农业行政执法活动的历史档案，也是农业执法人员法律素养、执法水平、办案质量的直接体现。

今年是全面贯彻落实党的二十大精神的开局之年，也是加快建设农业强国的起步之年。新时代新征程，农业综合行政执法队伍在服务“三农”中心工作、维护农民群众合法权益、保障农产品质量安全和国家粮食安全等方面的作用日益凸显，已成为基层农业农村部门抓“三农”工作的重要依靠力量。当前，湖北省农业综合行政执法改革已全面完成，农业综合行政执法工作的重心将全面转向建强队伍、提升能力，不断强化执法队伍专业化规范化建设，持之以恒推进执法队伍作风建设。为贯彻落实党的二十大报告关于全面推进严格规范公正文明执法的决策部署，强化执法人员法治思维和法治意识，严格行政执法程序，规范行政执法行为，切实维护当事人合法权益，湖北省农业农村厅在农业农村部发布的 53 种文书的基础上，新增文书 10 种，印发了《湖北省农业行政执法文书格式范本》。同时，为使一线执法人员更加快捷、规范、高效地使用执法文书，我们组织全省农业综合行政执法专家库部分专家，以近年来湖北省获评省级以上优秀案卷为参考，编写了《湖北省农业行政执法文书制作范例》。

本书以现行的《中华人民共和国行政处罚法》《中华人民共和国行政强制法》和农业农村相关法律法规为依据，涵盖农业投入品、畜牧兽医、渔业渔政、农机、农产品质量安全等多个领域，将典型案例、执法程序和执法文书结合起来，既有对程序相关规定的解释说明，也有对文书制作的典型示范，并为每种文书编写了注意事项，根据需要对文书中书面记载的事实要素、统一规范的表述方式、程序规定的时间期限、必须履行的审批程序等重要内容进行了提示，形成了规范化、标准化、程序化的制作范本，以期展现案件的整体办理过程和文书制作全貌。

本书具有较强的针对性和操作性，是一部较为全面的农业综合行政执法工具书，供全省一线农业行政执法人员学习、参考、借鉴。由于编写水平有限，内容涉及面广且部分案例因出版需要进行了改编，书中的疏漏和不足，敬请广大读者批评指正。

湖北省农业综合行政执法局

2023 年 10 月

目　录

文书格式 1

<table>
<tr><td colspan="6">× × 县农业农村局</td></tr>
<tr><td>档案类别</td><td colspan="4">行政处罚案件卷宗</td><td></td></tr>
<tr><td>案件名称</td><td colspan="4">×× 县 ×× 专业合作社
销售含有国家禁止使用农药的农产品案</td><td></td></tr>
<tr><td>行政处罚决定书文　号</td><td colspan="4">× 农（农安）罚〔20××〕× 号</td><td></td></tr>
<tr><td>办案机构</td><td colspan="4">×× 县农业综合执法大队</td><td></td></tr>
<tr><td>办案人员</td><td colspan="4">张 ××　　王 ××　　李 ××</td><td></td></tr>
<tr><td>办案日期</td><td colspan="2">立案日期　20×× 年 × 月 × 日
结案日期　20×× 年 × 月 × 日</td><td>保管期限</td><td>30 年</td><td></td></tr>
<tr><td colspan="3">本卷　共　件　页</td><td>归 档 号</td><td colspan="2">20××××××</td></tr>
</table>

全宗号	目录号	案卷号
×××	××	×××

《行政处罚案件卷宗封面》注意事项：

1.《行政处罚案件卷宗封面》是农业行政处罚机关在行政处罚案件结案后，将案件材料立卷归档时所制作的案卷封面。

2. 制作《行政处罚案件卷宗封面》应当符合《文书档案案卷格式》(GB/T 9705—2008）基本要求，保持封面尺寸、填写方法等规范统一。

3. 案件名称按照“当事人姓名（名称）+ 违法行为 + 案”的方式表述。对于案件终止调查、违法事实不能成立、立案调查后移送司法机关等处理决定，按照“当事人姓名（名称）+ 涉嫌 + 违法行为 + 案”的方式表述。

4. 行政处罚（不予行政处罚）决定书文号，按照《行政处罚决定书》或者《不予行政处罚决定书》发文字号填写。对于案件终止调查、违法事实不能成立、立案调查后移送司法机关等处理决定，不填写此项内容。

5. 办案机构是指农业行政处罚机关负责承办案件的机构。

6. 保管期限：简易程序案卷为 10 年。普通程序案卷为 30 年。案件涉及行政复议、行政诉讼的，保管期限为永久。

7. 归档号由立卷人填写。由 8 位阿拉伯数字表示，前 4 位为案件立案当年的年份号，后 4 位为立案当年的流水号，自 0001 号开始，一案一号，依次编号。

8. 全宗号、目录号、案卷号由本单位档案管理部门填写。

文书格式 2

卷 内 目 录

序号	文　号	文件材料名称	页码	备注
1	×农（种子）罚〔20××〕×号	××县农业农村局行政处罚决定书	1～5	
2		××县农业农村局案件来源登记表	6	
3	×农（种子）立〔20××〕×号	××市农业农村局案件交办通知书	7	
4	×农（种子）立〔20××〕×号	××县农业农村局立案审批表	8～9	
5		当事人营业执照	10	复印件
6		当事人身份证	11	复印件
7		现场检查笔录	12～13	
8		询问笔录（当事人）	14～17	
9		证人身份证	18	复印件
10		询问笔录（证人）	19～21	
11		××县农业农村局送达地址确认书	22	
12		××县农业农村局证据提取单	23～25	
13		××县农业农村局抽样取证凭证	26	
14		××县农业农村局行政处罚有关事项审批表（证据先行登记保存）	27	
15	×农（种子）先登〔20××〕×号	××县农业农村局证据先行登记保存通知书	28～29	
16		××县农业农村局送达回证（证据先行登记保存通知书）	30	
17		种子销售单	31～37	
18		种子入库单	38	
19		转账凭证（购入）	39	
20	×农（种子）鉴委〔20××〕×号	××县农业农村局鉴定委托书	40	

（续表）

序号	文　号	文件材料名称	页码	备注
21	×农（种子）检委〔20××〕×号	××县农业农村局检验委托书	41	
22		田间现场鉴定意见书	42～43	
23	×农（种子）鉴告〔20××〕×号	××县农业农村局鉴定结果告知书	44～46	
24		××县农业农村局送达回证（鉴定结果告知书）	47	
25	No. 20×××××	检验报告	48～51	
26		检验机构资质证明	52～54	复印件
27	×农（种子）检告〔20××〕×号	××县农业农村局检验结果告知书	55～59	
28		××县农业农村局送达回证（检验结果告知书）	60	
29	×农（种子）先处〔20××〕×号	××县农业农村局先行登记保存物品处理通知书	61～62	
30		××县农业农村局送达回证（先行登记保存物品处理通知书）	63	
31		××县农业农村局案件调查终结报告	64～67	
32		××县农业农村局案件处理意见书	68～72	
33	×农（种子）罚告〔20××〕×号	××县农业农村局行政处罚事先告知书	73～76	
34		××县农业农村局送达回证（行政处罚事先告知书）	77	
35		××县农业农村局陈述申辩笔录	78～79	
36		××县农业农村局行政处罚决定审批表	80～81	
37		××县农业农村局送达回证（行政处罚决定书）	82	
38		执行票据（缴款凭证）	83	复印件
39	×××××	××县农业农村局罚没物品清单	84	
40		××县农业农村局罚没物品处理记录	85	
41		××县农业农村局行政处罚结案报告	86～87	
42		执法人员行政执法证	88	复印件
43		备考表	/	

《卷内目录》注意事项：

1.《卷内目录》是农业行政处罚机关在行政处罚案件结案后，将案件材料装订成卷时记述有关案卷内材料的文书。

2. 制作《卷内目录》应当符合《文书档案案卷格式》(GB/T 9705—2008)基本要求，保持幅面尺寸、填写方法等规范统一。

3. 序号使用阿拉伯数字填写。

4. 卷内文件应当按照《农业行政执法文书制作规范》第七十七条第一款、第二款的规定依次排列。发生行政复议或者行政诉讼的，行政复议答复书、行政诉讼答辩状以及行政复议决定书、行政判决书等文书材料应予归档。

5. 卷内文件有文号的，应当填入文号。

6. 页号应写明每份文件在整个案卷中的起止页码，以阿拉伯数字编写，用波浪线表示数值范围。

7. 备考表不编页号。

8. 备注中说明卷内文件变化以及需要注释说明的其他情况。

文书格式 3

××县农业农村局
案件来源登记表

<table>
<tr><td colspan="2">登记时间</td><td colspan="6">20××年×月×日×时×分</td></tr>
<tr><td colspan="2">来源分类</td><td colspan="6">☐检查发现 ☐投诉、举报、媒体曝光
☑上级交办 ☐其他部门移送 ☐其他：</td></tr>
<tr><td rowspan="10">案源提供人</td><td rowspan="2">检查人</td><td>姓名</td><td colspan="2">/</td><td>所属单位</td><td colspan="2">/</td></tr>
<tr><td>姓名</td><td colspan="2">/</td><td>所属单位</td><td colspan="2">/</td></tr>
<tr><td rowspan="5">投诉人
举报人</td><td rowspan="2">单位</td><td>名称</td><td colspan="4">/</td></tr>
<tr><td colspan="2">法定代表人（负责人）</td><td colspan="3">/</td></tr>
<tr><td>个人</td><td>姓名</td><td>/</td><td>公民身份号码</td><td colspan="2">/</td></tr>
<tr><td colspan="2">联系电话</td><td>/</td><td>其他联系方式</td><td colspan="2">/</td></tr>
<tr><td colspan="2">联系地址</td><td colspan="4">/</td></tr>
<tr><td rowspan="3">移送交办部门</td><td colspan="2">名　称</td><td colspan="4">××省农业农村厅</td></tr>
<tr><td colspan="2">联系人</td><td>王××</td><td>电话</td><td colspan="2">×××××××××××</td></tr>
<tr><td colspan="2">联系地址</td><td colspan="4">××省××市××路×号</td></tr>
<tr><td colspan="2">案源内容</td><td colspan="6">20××年×月×日，××省农业农村厅转农业农村部农产品质量安全监管司《不合格样品信息转送单》，反映××市××专业合作社萝卜抽检样品不合格（详见《不合格样品信息转送单》）。

登记人：李××
20××年×月×日</td></tr>
<tr><td colspan="2">案源处理意见</td><td colspan="6">请张××、田××同志核查处理。

执法机构负责人：周××
20××年×月×日</td></tr>
<tr><td colspan="2">备　注</td><td colspan="6">/</td></tr>
</table>

《案件来源登记表》注意事项：

1.《案件来源登记表》是农业行政处罚机关对行政处罚案件来源及有关基本情况进行登记时所使用的文书。

2. 不得用投诉举报材料、《立案审批表》等代替本文书。

3. 登记时间是发现违法行为线索或者收到材料的时间。该时间是核查期限的起算时间。

4. 来源分类根据实际情况填写。

5. 案源提供人根据实际情况选择填写。如有投诉人、举报人不愿留下姓名或者要求保密以及声明其提交材料的可靠程度等内容，应当在“备注”中注明。

6. 案源内容应当简明记载案源基本情况，包括案源所反映的涉嫌违法主体、行为发生时间、地点等基本情况。登记人一般为农业行政执法机构的工作人员。

7. 执法机构负责人可以根据不同情况在处理意见栏签署意见，意见应当具体明确。若需要核查，应当指定至少两名核查人员。

文书格式 4

×× 市农业农村局
指定管辖通知书

× 农（农药）管辖〔20××〕× 号

A 县农业农村局、B 县农业农村局：

关于 ×× 有限公司涉嫌经营假农药一案管辖权问题，经本机关研究，依据《中华人民共和国行政处罚法》第二十五条第二款和《农业行政处罚程序规定》第十六条的规定，现指定该案由 A 县农业农村局管辖。请接到此通知后及时办理案件相关材料的移交手续。

联系人：李 ×× 联系电话：×××××××××

联系地址：×× 市 ×× 路 × 号 邮编：××××××

×× 市农业农村局

20×× 年 × 月 × 日

《指定管辖通知书》注意事项：

1.《指定管辖通知书》是上级农业行政处罚机关依法指定下级农业行政处罚机关对具体案件行使管辖权时使用的文书。

2. 当下级农业行政处罚机关依据《农业行政处罚程序规定》第十八条第二款的规定报请直接管辖或指定管辖时，上级农业行政处罚机关仍决定由报请的农业行政处罚机关管辖的，不适用本文书。

3. 下级农业行政处罚机关可以依据《农业行政处罚程序规定》第十六条、第十七条和第十八条第二款的规定报请管辖或者指定管辖。

4. 上级农业行政处罚机关认为必要时，可以依据《农业行政处罚程序规定》第十八条第一款的规定，直接查处下级管辖的案件或者指定管辖。

5. 指定管辖通知书应一并通知相关农业行政处罚机关，如：A 县农业农村局、B 县农业农村局。

6. 报请上级农业行政处罚机关管辖或指定管辖的，上一级农业行政处罚机关应当自收到报送材料之日起 7 个工作日内确定案件管辖机关。

文书格式 5

×× 市农业农村局
案件交办通知书

× 农（饲料）交办〔20××〕× 号

××县农业农村局：

依据《农业行政处罚程序规定》第十八条第一款的规定，现将××有限公司涉嫌经营不符合产品质量标准的饲料一案交由你机关管辖。请依法调查处理，并将处理结果及时报送本机关。

联 系 人：张×× 联系电话：×××××××××

联系地址：××市××路×号 邮编：××××××

附件：1.《抽样取证凭证》（编号：1×××）1 份（共 × 页）

2.《检验报告》（编号：JC-×××）1 份（共 × 页）

3. 检验检测机构资质认定证书（编号：MCA×××）1 份（共 × 页）

4.《产品确认通知书》1 份（共 × 页）

5.《检测结果告知书》（× 农检告〔20××〕× 号）1 份（共 × 页）

6.《××有限公司产品确认回复函》1 份（共 × 页）

××市农业农村局

20××年×月×日

《案件交办通知书》注意事项：

1. 《案件交办通知书》是上级农业行政处罚机关依法将本机关管辖的案件交由下级农业行政处罚机关管辖时使用的文书。

2. 法律、行政法规规定案件应当由上级农业行政处罚机关管辖的，上级农业行政处罚机关不得将案件交由下级农业行政处罚机关管辖。

3. 应当写明当事人涉嫌的违法行为。

4. 本文书应当附有违法案件线索、证据等相关材料。所附材料、证据可以作为附件逐一列明，也可以另附清单。所附材料应注明名称、份数、页数等。

5. 使用本文书需填报《行政处罚案件有关事项审批表》，经农业行政处罚机关负责人批准。

6. 本文书需送达承办的下级农业行政处罚机关。

文书格式 6

××县农业农村局
协助函

×农（宅地）协助〔20××〕×号

××县自然资源和规划局：

本机关在办理周××涉嫌农村村民非法占用土地建住宅一案中，因当事人涉嫌非法占用土地的地类认定属你局职能，需要你单位给予协助。依据《中华人民共和国行政处罚法》第二十六条、《农业行政处罚程序规定》第十九条第一款的规定，请你单位协助以下事项：认定当事人涉嫌非法占用土地的地类。

请你单位提供协助并及时将结果书面告知本单位。

联 系 人：李×× 联系电话：×××××××××

联系地址：××县××路×号 邮编：××××××

附件：1. 当事人身份证复印件1份（共1页）

2. 当事人户口本复印件1份（共4页）

3.《证据提取单》（现场照片）1份（共1页）

××县农业农村局

20××年×月×日

《协助函》注意事项：

1.《协助函》是农业行政处罚机关实施农业行政处罚时，依法向农业行政处罚机关以外的其他机关提出协助请求时使用的文书。

2. 协助事项应为协助机关的法定职权。

3. 应当写明案件名称、请求协助事项，并附有关材料。

4. 协助事项必须明确具体，不能模糊不清。

5. 请求协助的农业行政处罚机关应当与协助机关充分沟通协助事项，避免遗漏。

文书格式 7

×× 县农业农村局
协查函

× 农（农药）协查〔20××〕× 号

A 县农业农村局：

本机关在办理 ×× 农资店涉嫌经营假农药一案中，因涉案 ×× 农药外包装上标注的生产企业为 ×× 有限公司，该公司住所地在你局辖区，依据《中华人民共和国行政处罚法》第二十六条、《农业行政处罚程序规定》第十九条第二款的规定，请你单位协助调查以下事项：×× 农药是否由 ×× 有限公司生产、销售，并请提供相关证明材料。

请你单位在收到本函后五日内将调查结果加盖公章，连同相关证据材料寄送本机关。需要延期完成的，请于期限届满前告知本机关。

联 系 人：李 ×× 联系电话：×××××××××

联系地址：×× 县 ×× 路 × 号 邮编：××××××

附件：1.《证据提取单》2 份（共 2 页）

2.《询问笔录》1 份（共 5 页）

×× 县农业农村局

20×× 年 × 月 × 日

《协查函》注意事项：

1.《协查函》是农业行政处罚机关在办理跨行政区域案件时，需要其他地区农业行政处罚机关协助调查与案件有关的特定事项时使用的文书。

2. 应当协查机关辖区内当事人的主体名称。

3. 应当写明案件名称、需要协助调查的原因、请求协助调查的事项，并附有关材料。

4. 请求协查的农业行政处罚机关应当与协查机关充分沟通协查事项，避免遗漏。

5. 根据调查内容合理确定协查回复期限，一般不超过15日。

文书格式 8

×× 县农业农村局
协查结果告知函

× 农（农药）协查告〔20××〕× 号

A 县农业农村局：

你单位在办理 ×× 农资店涉嫌经营假农药一案中，因需要了解 ×× 农药是否由 ×× 有限公司生产，请我单位协助调查，现已调查终结。依据《农业行政处罚程序规定》第十九条第二款的规定，将协助调查结果告知如下：

×× 农药是 ×× 有限公司生产的产品。

联 系 人：王 ××　　　　联系电话：×××××××××

联系地址：×× 市 ×× 县 ×× 路 × 号　　　　邮编：××××××

附件：1.《现场检查笔录》1 份（共 × 页）

2.《询问笔录》1 份（共 × 页）

3. 营业执照复印件 1 份（共 × 页）

4. 法定代表人身份证明复印件 1 份（共 × 页）

5. 农药生产许可证复印件 1 份（共 × 页）

6. ×× 农药登记证复印件 1 份（共 × 页）

7. ×× 农药标签复印件 1 份（共 × 页）

8. ×× 农药出厂销售记录复印件 1 份（共 × 页）

9. 交易凭证复印件 1 份（共 × 页）

××县农业农村局

20×× 年 × 月 × 日

《协查结果告知函》注意事项：

1.《协查结果告知函》是协助调查案件的农业行政处罚机关告知请求协助调查的农业行政处罚机关协助调查结果时使用的文书。

2. 协查农业行政处罚机关接到超出本机关职能的协助调查函，应于3日内将函件退回，并函复理由。

3. 协查农业行政处罚机关应当及时完成协助调查工作，并函复调查结果。需要延长的，要向提出协查的农业行政处罚机关进行沟通说明。

4. 告知内容要与来函请求协查事项一一对应。协查农业行政处罚机关应当与请求协查机关充分沟通协查事项，避免遗漏。

5. 告知所附调查材料，应当按取证规则和证据制作方法制作，并加盖公章。

文书格式 9

××县农业农村局
案件（违法线索）移送函

×农（农药）案移〔20××〕×号

××县农业农村局：

××有限公司涉嫌生产经营未取得农药登记证的农药一案（违法线索），经调查核实，依法不属于本机关管辖。依据《农业行政处罚程序规定》第十七条的规定，现将该案移送你单位处理。你单位对管辖权有异议的，请依法报请你单位与本机关共同的上一级农业行政处罚机关指定管辖。

联 系 人：张××、王××　　　　联系电话：×××××××

联系地址：××县××路×号　　　　邮编：××××××

附件：1.《案件来源登记表》1份（共×页）

2.《12345市长专线电话受理登记工单》（编号：×××××××）1份（共×页）

3.《立案审批表》1份（共×页）

4.××农资销售有限公司采购票据1份（共×页）

5.涉案农药产品“××宝”照片2份（共×页）

6.××有限公司营业执照复印件1份（共×页）

7.《检测报告》（No.××××-×××）1份（共×页）

8.××种子经营部采购涉案种子凭证3份（共×页）

9.《询问笔录》2份（共×页）

××县农业农村局

20××年×月×日

《案件（违法线索）移送函》（适用农业执法机关）注意事项：

1.《案件（违法线索）移送函》是农业行政处罚机关将案件或者违法线索移送有管辖权的农业行政处罚机关时所使用的文书。

2. 农业行政处罚机关发现已立案的案件不属于自己管辖的，应当依法移送案件。农业行政处罚机关发现正在核查的违法线索不属于自己管辖，或者发现当事人存在不属于自己管辖的其他违法线索的，应当移送违法线索。

3. 受移送的部门，是其他农业行政处罚机关。

4. 移送的原因，需填写法律、法规、规章及相关文件关于执法职责、地域管辖、级别管辖、特殊管辖等具体规定。

5. 所附材料可以作为附件逐一列明，也可以另附清单。

6. 本文书不得与《涉嫌犯罪案件移送书》和《案件移送函》（适用其他执法机关）混淆使用。

文书格式 10

××县农业农村局
案件（违法线索）移送函

×农（肥料）案移〔20××〕×号

××县市场监督管理局：

××有限公司涉嫌生产以不合格产品冒充合格产品（肥料）一案（违法线索），经调查核实，依法不属于本机关管辖。依据《农业行政处罚程序规定》第二十一条第一款的规定，现将此案移送你单位处理。

联 系 人：张××、王×× 联系电话：×××××××××

联系地址：××县××路×号 邮编：××××××

附件：1.《案件来源登记表》1份（共×页）

2.《12345市长专线电话受理登记工单》1份（共×页）

3.《立案审批表》1份（共×页）

4.××有限公司营业执照复印件1份（共×页）

5.××有限公司法定代表人身份证复印件1份（共×页）

6.涉案肥料产品“××肥”照片3份（共×张）

7.《检测报告》（No.××××××）1份（共×页）

8.《现场检查笔录》1份（×页）

9.《询问笔录》3份（共×页）

10.涉案肥料产品生产记录1份（共×页）

11.涉案肥料产品销售凭证8份（共×页）

××县农业农村局

20××年×月×日

《案件（违法线索）移送函》（适用其他执法机关）注意事项：

1.《案件（违法线索）移送函》是农业行政处罚机关将案件或者违法线索移送有管辖权的其他行政机关时所使用的文书。

2. 农业行政处罚机关发现已立案的案件不属于自己管辖的，应当依法移送案件。农业行政处罚机关发现正在核查的违法线索不属于自己管辖，或者发现当事人存在不属于自己管辖的其他违法线索的，应当移送违法线索。

3. 受移送的部门，应当是其他行政机关。

4. 移送的原因，需填写法律、法规、规章及相关文件关于执法职责、特殊管辖等具体规定。

5. 所附材料可以作为附件逐一列明，也可以另附清单。

6. 本文书不得与《涉嫌犯罪案件移送书》和《案件移送函》（适用农业执法机关）混淆使用。

文书格式 11

××县农业农村局
涉嫌犯罪案件移送书

×农（农安）涉刑移送〔20××〕×号

××县公安局：

××市××果蔬专业合作社涉嫌销售含有国家禁止使用农药的农产品一案，经调查，当事人的行为涉嫌犯罪。依据《中华人民共和国行政处罚法》第二十七条、《行政处罚机关移送涉嫌犯罪案件的规定》第三条、《农业行政处罚程序规定》第二十一条第二款的规定，现将该案移送你单位。

联系人：张××、王××　　联系电话：×××××××

联系地址：××县××路×号　　邮编：××××××

附件：1.《涉嫌犯罪案件情况调查报告》1份（共×页）

2. 涉案物品清单1份（共×页）

3.《检验报告》1份（共×页）

4. 涉案证据案卷1卷（共×页）

××县农业农村局

20××年×月×日

抄送：××县人民检察院

《涉嫌犯罪案件移送书》注意事项：

1.《涉嫌犯罪案件移送书》是农业行政处罚机关在查处违法行为过程中发现违法行为涉嫌犯罪，依法将案件移送公安机关时使用的文书。

2. 应当写明受移送公安机关全称。

3. 本文书附件应当附下列相关材料：涉嫌犯罪案件情况调查报告、涉案物品清单、有关检验报告或者鉴定结论及其他有关涉嫌犯罪的全部证据材料。

4. 需填写案件主办人姓名、联系电话和联系地址。

5. 农业行政处罚机关在向公安机关移送涉嫌犯罪证据材料时，应当复制并保存相关证据和全部案卷材料。

6. 本文书一式三份，一份附卷存档，一份送达受移送的公安机关，一份抄送同级人民检察机关。

文书格式 12

×× 县农业农村局
当场行政处罚决定书

× 农（农机）简罚〔20××〕× 号

<table>
<tr><td rowspan="3">当事人</td><td rowspan="3">个人</td><td>姓名</td><td>胡 ××</td><td>性别</td><td>男</td><td>民族</td><td>× 族</td><td>出生日期</td><td>19×× 年 × 月 × 日</td></tr>
<tr><td>公民身份号码</td><td colspan="5">42××××××××××××××××</td><td>工作单位和职务</td><td>/</td></tr>
<tr><td>住所</td><td colspan="5">×× 省 ×× 县 ×× 镇 ×× 村 × 组</td><td>联系电话</td><td>×××××××</td></tr>
<tr><td colspan="2">违法事实</td><td colspan="8">20×× 年 × 月 × 日 × 时 × 分，×× 县农业农村局执法人员在开展农机安全专项检查时，发现在 ×× 县 ×× 镇 ×× 村 × 组 ×× 地块，胡 ×× 未取得拖拉机操作证件，驾驶牌照号码为“鄂 28××××”的东方红拖拉机从事耕地作业。有《现场检查笔录》《询问笔录》和湖北省农机安全监理信息系统查询截图为证。当事人对未取得拖拉机操作证件而操作拖拉机的违法事实无异议。经查，当事人未取得拖拉机操作证件而操作拖拉机属初次违法，未造成农机事故。</td></tr>
<tr><td colspan="2">处罚依据及内容</td><td colspan="8">你未取得拖拉机操作证件而操作拖拉机的行为，违反了《农业机械安全监督管理条例》第五十二条的规定。依据《中华人民共和国行政处罚法》第二十八条第一款、第五十一条和《农业行政处罚程序规定》第二十五条以及《农业机械安全监督管理条例》第五十二条的规定，现责令你〔☑ 立即 / ☐ 于　　年　　月　　日之前〕改正上述违法行为，并作出如下行政处罚：
☐ 警告；
☑ 罚款 100 元
罚款按照下列方式缴纳：
☐ 当场缴纳；
☑ 即日起 15 日内，通过 ×× 银行 ×× 财政专户（账号：××××××××，地址：×× 县 ×× 路 × 号）缴纳罚款。
逾期不缴纳的，根据《中华人民共和国行政诉讼法》第七十二条的规定，本机关将每日按罚款数额的百分之三加处罚款，并且依法申请人民法院强制执行。</td></tr>
<tr><td colspan="2">告知事项</td><td colspan="8">你如对本处罚决定不服的，应当在收到本处罚决定书之日起 60 日内向 ×× 县人民政府申请行政复议；对行政复议决定不服的，收到行政复议决定书之日起 15 日内向 ×× 县人民法院提起行政诉讼。</td></tr>
</table>

本行政处罚决定作出前，本机关执法人员已向你出示执法证件，告知你拟作出的行政处罚内容及事实、理由、依据，并告知你有权进行陈述和申辩。

处罚地点：××省××县××镇××村×组胡××地块

执法人员：王×× 执法证件号：17××××××××××

执法人员：李×× 执法证件号：17××××××××××

当事人确认及签收：胡××

签收时间：20××年×月×日

××县农业农村局

20××年×月×日

《当场处罚决定书》注意事项：

1.《当场处罚决定书》是农业行政处罚机关依照行政处罚简易程序的相关规定，依法对违法行为人当场作出行政处罚决定时使用的文书。

2.“违法事实”应当写明违法行为的发生时间和地点、违法情节、违法行为的定性等情况。

3.“处罚依据及内容”应当写明作出处罚所依据的法律、法规和规章的全称并具体到条、款、项、目以及处罚的具体内容。

4.书写罚没款金额应当填写正确，不得涂改。

5.罚款缴纳方式为交至代收机构的，应当写明代收机构名称、地址等。

6.《当场处罚决定书》应当标注页码（第 × 页 共 × 页），一式两联，一联存档，一联交当事人。

文书格式 13

×× 县农业农村局
立案 / 不予立案审批表

× 农（农药）立〔20××〕× 号

<table>
<tr><td colspan="2">案件来源</td><td colspan="3">×× 县 × 农资公司涉嫌经营假农药案</td><td>受案时间</td><td>20×× 年 × 月 × 日</td></tr>
<tr><td rowspan="3">当事人</td><td rowspan="3">单位</td><td>名称</td><td colspan="2">×× 市 ×× 农资公司</td><td>统一社会信用代码</td><td>91420583M××××××</td></tr>
<tr><td colspan="2">法定代表人</td><td>朱 ××</td><td>联系电话</td><td>13××××××××</td></tr>
<tr><td>住所</td><td colspan="4">×× 县 ×× 镇 ×× 路 × 号</td></tr>
<tr><td colspan="2">简要案情及立案理由</td><td colspan="5">20×× 年 × 月 × 日，本机关根据《湖北省农业农村厅办公室关于开展农药监督管理调研抽样的通知》要求进行抽样时，发现当事人经营的“草甘膦异丙铵盐”农药产品，属《湖北省农业农村厅办公室关于开展农药监督管理调研抽样的通知》附件“20×× 年重点抽查农药企业名单 1（标称）”中所列的 ×× 有限公司生产。执法人员立即对该“草甘膦异丙铵盐”农药产品进行了抽样送检，抽取样品数量为 3 瓶。
20×× 年 × 月 × 日，经 ×× 省 ×× 检测技术研究有限公司检测，该样品未见其他农药成分，内含铵离子，铵离子质量分数为 5.1%，异丙胺离子分数不符合 GB/T 20684-2017 及《农业农村部办公厅关于开展 20×× 农药监督抽查的通知》（农办农〔20××〕× 号）要求，草甘膦质量分数为 29.9%，符合 GB/T 20684-2017 及《农业农村部办公厅关于开展 20×× 农药监督抽查的通知》（农办农〔20××〕× 号）要求，综合判定该样品不合格，检验报告编号 NO:20×××××××。
依据《农药管理条例》第四十四条第一款第二项“有下列情形之一的，认定为假农药：（二）以此种农药冒充他种农药”之规定，当事人涉嫌经营假农药，符合《农药管理条例》第五十五条第一款第二项规定的情形，应当予以处罚，建议立案。

经办人：张 ××、王 ××
20×× 年 × 月 × 日</td></tr>
<tr><td colspan="2">执法机构意见</td><td colspan="5">同意立案。
执法机构负责人：周 ××
20×× 年 × 月 × 日</td></tr>
<tr><td colspan="2">农业行政处罚机关意见</td><td colspan="5">同意立案。
农业行政处罚机关负责人：郭 ××
20×× 年 × 月 × 日</td></tr>
<tr><td colspan="2">备注</td><td colspan="5">/</td></tr>
</table>

××县农业农村局
不予立案审批表

×农（农安）不立〔20××〕×号

<table>
<tr><td colspan="2">案件名称</td><td colspan="7">××县李×豆芽店
涉嫌使用国家禁止使用的农业投入品案</td><td>受案时间</td><td>20××年×月×日</td></tr>
<tr><td rowspan="4">当事人</td><td rowspan="4">个体工商户</td><td>姓名</td><td>李×</td><td>性别</td><td>男</td><td>民族</td><td>汉族</td><td>出生日期</td><td colspan="2">19××年×月×日</td></tr>
<tr><td colspan="2">公民身份号码</td><td colspan="4">420××××××××××</td><td colspan="2">工作单位和职务</td><td>/</td></tr>
<tr><td>住所</td><td colspan="4">××县××镇××村×组</td><td colspan="2">联系电话</td><td colspan="2">1××××××××××</td></tr>
<tr><td>字号名称</td><td colspan="2">××县李×豆芽店</td><td colspan="4">统一社会信用代码</td><td colspan="2">92××××××××××××</td></tr>
<tr><td colspan="2">简要案情及不予立案理由</td><td colspan="9">20××年×月×日，本机关接到群众举报，称××县李×豆芽店在生产豆芽时，使用含有国家禁止使用的农药（4-氯苯氧乙酸钠）。经现场核查，在××县李×豆芽店内没有发现举报人所述的国家禁止使用的农药（4-氯苯氧乙酸钠）。随后，执法人员对当事人生产的豆芽进行抽样检测，检测结果显示，未检出农药（4-氯苯氧乙酸钠）。
该案违法事实不清，证据不足，建议不予立案。
经办人：薛×、臧××
20××年×月×日</td></tr>
<tr><td colspan="2">执法机构意见</td><td colspan="9">同意不予立案。
执法机构负责人：周××
20××年×月×日</td></tr>
<tr><td colspan="2">农业行政处罚机关意见</td><td colspan="9">同意不予立案。
农业行政处罚机关负责人：郭××
20××年×月×日</td></tr>
<tr><td colspan="2">备注</td><td colspan="9">/</td></tr>
</table>

《立案 / 不予立案审批表》注意事项：

1.《行政处罚立案 / 不予立案审批表》是农业行政处罚机关依照行政处罚普通程序的相关规定，依法对案件作出立案或者不予立案决定，由执法机构提请农业行政处罚机关负责人审批时使用的文书。

2. 农业行政处罚机关在具体使用的过程中，应当在标题及正文中对立案或者不予立案的情形进行选择。

3. 注意文书制作时间。应当自发现线索或者收到相关材料之日起 7 日内予以核查，由农业行政处罚机关负责人决定是否立案；因特殊情况不能在规定期限内立案的，经农业行政处罚机关负责人批准，可以延长 7 日。

4. 文书设定的栏目，应当逐项填写，不得遗漏和随意修改；不需要填写的栏目或者空白处，应当用斜线划去。

5. 根据案件情况确定“个人 / 个体工商户”或者“单位”，“个人 / 个体工商户”“单位”两栏不能同时填写，使用时可以根据当事人性质删除另一栏。

6.“简要案情及立案（不予立案）理由”应当写明当事人涉嫌违法的事实、证据等简要情况，涉嫌违反的相关法律规定以及立案或者不予立案的建议并说明理由。

文书格式 14

×× 县农业农村局
撤销立案 / 不予立案审批表

× 农（农药）撤立〔20××〕× 号

<table>
<tr><td colspan="2">案件名称</td><td colspan="8">张 ×× 涉嫌经营假农药案</td><td>立案时间</td><td>20×× 年 × 月 × 日</td></tr>
<tr><td rowspan="4">当事人</td><td rowspan="4">个体工商户</td><td>姓名</td><td>张 ××</td><td>性别</td><td>男</td><td>民族</td><td colspan="3">× 族</td><td>出生日期</td><td>19×× 年 × 月 × 日</td></tr>
<tr><td>公民身份号码</td><td colspan="5">42××××××××××××××</td><td colspan="3">工作单位和职务</td><td>/</td></tr>
<tr><td>住所</td><td colspan="6">×× 县 ×× 街道 ×× 路 × 小区 × 栋 × 号</td><td colspan="2">联系电话</td><td>13××××××××</td></tr>
<tr><td>字号名称</td><td colspan="3">/</td><td colspan="2">统一社会信用代码</td><td colspan="4">913×××××××</td></tr>
<tr><td colspan="2">简要案情及撤案理由</td><td colspan="10">20×× 年 × 月 × 日，王 ×× 实名举报：张 ×× 销售的 ×× 农药是假农药，造成了 3 亩青椒死苗。20×× 年 × 月 × 日，经现场勘验，青椒死苗和使用当事人销售的 ×× 农药属实。20×× 年 × 月 × 日，经批准依法立案调查 [× 农（农药）立〔20××〕× 号]。20×× 年 × 月 × 日，经抽样送检，检测结果合格。经田间鉴定，青椒死苗系气候原因所致。当事人经营假农药的事实不成立，依据《农业行政处罚程序规定》第三十一条规定，建议撤销立案。

经办人：张 ××、王 ××
20×× 年 × 月 × 日</td></tr>
<tr><td colspan="2">执法机构意见</td><td colspan="10">同意撤销立案。

执法机构负责人：周 ××
20×× 年 × 月 × 日</td></tr>
<tr><td colspan="2">农业行政处罚机关意见</td><td colspan="10">同意撤销立案。

农业行政处罚机关负责人：郭 ××
20×× 年 × 月 × 日</td></tr>
<tr><td colspan="2">备注</td><td colspan="10">/</td></tr>
</table>

《撤销立案审批表》注意事项：

1.《撤销立案审批表》是农业行政处罚机关在立案调查后，根据新的情况发现相关案件不符合立案条件，依法撤销已经立案案件时使用的文书。

2.“简要案情及撤销立案理由”应当写明农业行政处罚机关调查的基本情况，撤销立案的事实、证据等简要情况和撤销立案的建议并说明理由。

3.文书设定的栏目，应当逐项填写，不得遗漏和随意修改；不需要填写的栏目或者空白处，应当用斜线划去。

文书格式 15

×× 县农业农村局
责令改正通知书

× 农（农药）责改〔20××〕× 号

张 ××：

经查，你未建立农药销售台账的行为，违反《农药管理条例》第二十七条第一款的规定。依据《中华人民共和国行政处罚法》第二十八条第一款及《农药管理条例》第五十八条的规定，现责令你（☑ 立即 /☐ 于 20×× 年 × 月 × 日之前）按下列要求改正违法行为：1. 建立农药销售台账，销售台账应如实记录销售农药的名称、规格、数量、生产企业、购买人、销售日期等内容；2. 销售台账保存 2 年以上。拒不改正的，本机关将依据《农药管理条例》第五十八条的规定，处 2000 元以上 2 万元以下罚款，并由发证机关吊销农药经营许可证。

如对本决定不服，可以自收到本通知书之日起 60 日内向 ×× 县人民政府申请行政复议；也可以在 6 个月内依法向 ×× 县人民法院提起行政诉讼。

联 系 人：王 ××、李 ×× 联系电话：××××××××

联系地址：×× 县 ×× 路 × 号 邮编：××××××

××县农业农村局

20×× 年 × 月 × 日

《责令改正通知书》注意事项：

1.《责令改正通知书》是农业行政处罚机关依据有关法律、法规和规章的规定，责令当事人改正违法行为时使用的文书。

2. 制作《责令改正通知书》应当写明所依据的法律、法规和规章的具体条款内容。

3. 法律、法规和规章对逾期不改、拒不改正的后果有规定的，应当填写相应内容。

4. 没有法律、法规和规章明确规定的责令改正规定，但农业行政处罚机关在实施行政处罚时，按照《中华人民共和国行政处罚法》有关规定，责令当事人改正或者限期改正违法行为的，可以在行政处罚决定书或者不予行政处罚决定书中一并表述，不必单独制作本文书。

5.《责令改正通知书》在不立案时单独使用的，不写案号。

6. 责令改正期限应当按照法律法规、规章规定的期限填写，法律法规、规章没有明确规定的，执法人员应当根据责令改正问题的实际情况，合理确定期限。

7. 本文书一式两份，一份送达，一份存档。农业行政处罚机关需要同时保存当事人确认签收的《送达回证》。

文书格式 16

×× 县农业农村局
限期提供材料通知书

×农（农药）限提〔20××〕×号

××种业科技有限公司：

为调查了解你公司生产的 ×× 品种玉米种子名称与标注的审定编号相应审定信息不一致的情况，依据《农业行政处罚程序规定》第三十三条第三项的规定，请你单位自收到本通知书后 7 日内向本机关提供以下材料，并在材料上逐页签名或者盖章。逾期不提供或者拒绝提供相关材料的，将依法承担法律责任。

1. 公司相关营业证照复印件；
2. 法定代表人居民身份证原件；
3. 农作物种子生产经营许可证主证和副证复印件；
4. 你公司与 ×× 种子行签订的销售合同及销售相关票据复印件；
5. ×× 品种的玉米种子审定证书复印件；
6. 你公司认为与之相关需要提供的其他材料。

联 系 人：王 ××、李 ××　　联系电话：×××××××

联系地址：×× 县 ×× 路 × 号　　邮编：××××××

×× 县农业农村局

20×× 年 × 月 × 日

《限期提供材料通知书》注意事项：

1.《限期提供材料通知书》是农业行政处罚机关在开展监督检查或者调查取证过程中，依法要求当事人或者有关单位、人员在一定期限内提供相关材料时使用的文书。

2. 要求当事人或者有关单位、人员提供的材料应当尽量具体、明确。

3. 农业行政处罚机关需要同时保存当事人确认签收的《送达回证》。

4. 法律、法规、规章明确规定了提供材料期限应当按照法律法规、规章规定的期限填写，没有明确规定的，执法人员应当根据实际情况，合理确定期限。

文书格式 17

××县农业农村局
证据提取单

证据名称	尚未销售涉案农药标签照片
取证时间	20×× 年 × 月 × 日
取证地点	××县××路×号×仓库

执法人员：李×× 执法证件号：17×××××××× 20××年×月×日

执法人员：张×× 执法证件号：17×××××××× 20××年×月×日

见 证 人：/ 年 月 日

证据核对意见：本照片经本人核对与原物一致。

证据提供人：陈×× 20××年×月×日

《证据提取单》注意事项：

1.《证据提取单》是农业行政处罚机关在调查取证过程中，依法收集、调取书证、物证、视听资料、电子数据等证据时所使用的文书。

2.所粘贴的证据，应由提供人在骑缝处以签名、盖章或者其他方式确认。

3.收集、调取的书证、物证应当是原件、原物。收集、调取原件、原物确有困难的，可以提供与原件核对无误的复制件、影印件或者抄录件，也可以提供足以反映原物外形或者内容的照片、录像等其他证据。

4.如取证过程有见证人的，可由见证人对取证过程签署意见并签名或者以其他方式确认。

5.复制件、影印件、抄录件和照片由证据提供人或者执法人员核对无误后注明与原件、原物一致，并注明出证日期、证据出处，同时签名或者盖章。

6.收集电子数据原始载体确有困难的，可以采用拷贝复制、委托分析、书式固定、拍照录像等方式取证，并注明制作方法、制作时间、制作人，同时签名或者盖章。

7.证据粘贴处。如证据较多，可在此处说明数量、证明对象等信息，证据附后并加盖骑缝章。证据核对意见填写：“此份证据单共提取 × 页，经核对均与原物一致。”

文书格式 18

××县农业农村局
电子数据证据提取笔录

时间：20×× 年 × 月 × 日 × 时 × 分至 20×× 年 × 月 × 日 × 时 × 分
地点：×× 市 ×× 县 ×× 路 ×× 号
被检查人：×× 市 ×× 路 ×× 兽药经营部
提 取 人：孔 ××
执法人员：李 ×× 执法证号：17××××××
陈 ×× 执法证号：17××××××

提取的电子数据原始存储介质名称及状态：涉案电子数据是张 ×× 的支付宝交易流水（支付宝账号为：139×××××××××），原始数据存放在支付宝（中国）网络技术有限公司服务器。

提取方法和过程：（略）

整个过程执法人员全程通过执法记录仪录音录像。

提取的电子数据内容：

（见电子文件）。

电子数据的完整性校验值：

（略）

（以下空白）

被检查人签名（盖章或者按指印）：张 ×× 20×× 年 × 月 × 日
见证人签名（盖章或者按指印）：/ 年 月 日
电子数据提取人签名：孔 ×× 20×× 年 × 月 × 日
执法人员签名：李 ×× 20×× 年 × 月 × 日
陈 ×× 20×× 年 × 月 × 日

《电子数据证据提取笔录》注意事项：

1.《电子数据证据提取笔录》是农业行政处罚机关采用拷贝复制、委托分析、书式固定、拍照录像等方式对电子数据进行取证所使用的文书。

2. 电子数据原始存储介质名称及状态应当列明相关存储介质的名称、存放地点、信号开闭状况及是否采取强制措施等情况。

3. 提取方法和过程应当列明提取的方法、过程、提取后电子数据的存储介质名称等内容。

4. 提取的电子数据内容应当列明提取电子数据的名称、类别、文件格式等内容。

5. 电子数据的完整性校验值应当根据技术要求，结合案件情况填写。

6.《电子数据证据提取笔录》应当当场交被检查人核对或者向被检查人宣读，并由被检查人逐页签名、盖章或者按指印。被检查人拒绝签名、盖章或者按指印的，执法人员应当在笔录上注明原因，并采取拍照、录像或者其他方式记录现场情况和电子数据提取过程；有其他人在场的，可由其作为见证人在笔录上逐页签名、盖章或者按指印。笔录需要更正或者补充的，被检查人、见证人应当在更正或者补充部分单独签名、盖章或者按指印。

7. 执法人员、电子数据提取人应当在《电子数据证据提取笔录》上签名。

8. 笔录最后一行文字后如有空白，应当在最后一行文字后注明“以下空白”字样。

9. 提取人应当是执法人员或者农业行政处罚机关根据《农业行政处罚程序规定》第三十七条第三款的规定指派或者聘请的具有专门知识的人员或者专业机构。

10.《电子数据证据提取笔录》应当标注页码（第 × 页 共 × 页）。

文书格式 19

×× 县农业农村局
询问笔录

询问时间：20×× 年 × 月 × 日 × 时 × 分至 × 时 × 分

询问地点：×× 县 ×× 乡 ×× 村 × 号 ×× 楼 × 号会议室

询问机关：×× 县农业农村局

询 问 人：李 ××　　执法证号：17×××××××××

　　　　　胡 ××　　执法证号：17×××××××××

被询问人：姓名王 ×× 性别男 公民身份号码 422×××××

　　　　　联系电话 159×××××××

　　　　　工作单位 ×× 科技有限公司　职务总经理

　　　　　住所 ×× 县 ×× 乡 ×× 村 ×× 组 × 号

询 问 人：我们是 ×× 市农业农村局的执法人员（出示执法证件），已向你出示了我们的执法证件。你是否看清楚了？

被询问人：我看清楚了。

询 问 人：我们依法就你公司销售 ×× 种子有关情况进行调查，请予配合。依照法律规定，你有权进行陈述和申辩。如果你认为调查人员与本案有直接利害关系的，依法有申请回避的权利，你是否申请调查人员回避？

被询问人：我不申请回避。

询 问 人：你应当如实回答询问，并协助调查，不得阻挠。你是否明白？

被询问人：我明白。

询 问 人：请你自我介绍一下。

被询问人：我叫王 ××，男，× 族，身份证号 4×××××××××××××，现任 ×× 科技有限公司总经理。

询 问 人：你是不是中共党员、人大代表或者政协委员？

被询问人：都不是。

被询问人签名（盖章或者按指印）：王 ××　　　　20×× 年 × 月 × 日

（询问内容根据现场情况和资料而定，注意记录要完整、细致，数据翔实，尽量简洁。

被询问人：20×× 年 × 月 × 日收到的。

询　问　人：你公司对上述品种真实性检验报告是否有异议？

被询问人：无异议。

询　问　人：你公司对上述品种真实性检验报告是否申请复检？

被询问人：不申请复检。

询　问　人：你还有什么需要补充说明的？

被询问人：没有了。

询　问　人：你是否有阅读能力？

被询问人：有。

询　问　人：以上是本次询问情况的记录，请你核对，是否与你所述一致？请签名、盖章或者按指印；如果有错误或遗漏你可以更正或者补充。

被询问人：与我所述一致，没有更正和补充。

（以下空白）

被询问人签名（盖章或者按指印）：王 ×× 　　20×× 年 × 月 × 日

询问人签名：李 ×× 　　20×× 年 × 月 × 日

胡 ×× 　　20×× 年 × 月 × 日

《询问笔录》注意事项：

《询问笔录》是农业行政处罚机关为查明案件事实，收集证据，依法向当事人或者其他相关人员调查、询问并记录有关案件情况时使用的文书。

2. 询问时应当有两名以上执法人员在场，每份询问笔录对应一个被询问人。询问人提出的问题，如果被询问人不回答或者拒绝回答的，应当写明被询问人的态度，如“不回答”或者“沉默”等，并用括号标记。

3. 询问笔录由被询问人在笔录上逐页签名、盖章或者按指印等方式确认，农业行政执法人员应当在笔录尾页签名。被询问人拒绝签名、盖章或者按指印的，由农业行政执法人员在笔录上注明情况。

4. 询问应当单独、分别进行。一份询问笔录对应一个被询问人，不应当出现在同一时间段内，同一询问人对不同被询问人作出多份笔录的情况。

5. 由被询问人在笔录最后处写上“与我所述一致，没有更正和补充。”，并应当签名、盖章或者以其他方式确认。被询问人阅读有困难的，应当向其宣读笔录，询问人员选择“已向你宣读”，由被询问人签名、盖章或者以其他方式确认宣读情况。

6. 询问笔录上所有的计量单位应当依照《中华人民共和国法定计量单位》的规定执行。如果被询问人的回答不符合该规定的，询问人应当原话记录，并括号换算成符合该规定的计量。

7. 笔录最后一行文字后如有空白，应当在最后一行文字后注明“以下空白”字样。

8. 《询问笔录》应当标注页码（第 × 页　共 × 页）。

文书格式 20

××县农业农村局
现场检查（勘验）笔录

时　　间：20××年×月×日×时×分至×时×分

检查地点：××高速公路××收费站出口

当 事 人：黄××

检查机关：××县农业农村局

检查人员：王××　　执法证号：17××××××××××

检查人员：饶××　　执法证号：17××××××××××

记 录 人：王××

现场检查情况：20××年×月×日×时×分，××县农业农村局接××高速路口收费站执勤民警电话，称发现一辆运猪车没有检疫证明。××县农业农村局立即指派王××和饶××两位执法人员到达现场调查。20××年×月×日×时×分，执法人员到达现场，向当事人出示执法证件，告知理由、依据，说明来意，邀请××高速路口收费站执勤民警李××见证，在当事人全程陪同下开展了现场检查。检查情况如下：

1. 现场情况描述（略）。

2. 驾驶人员身份情况核实（略）。

3. 执法人员执法情况和发现的问题（略）。

4. 处置结果（略）。

5. 执法人员对现场检查及留验措施的全过程进行了拍照、摄像，提取相关人员证件资料，现场制作证据提取单，并当场告知当事人实施留验措施的理由、依据以及依法享有的陈述、申辩权利及救济途径。当事人现场未提出陈述、申辩，并在相关文书上签字确认。

以上笔录记载情况，已交当事人核对。

（以下空白）

当事人签名（盖章或者按指印）：黄××　　20××年×月×日

见证人签名（盖章或者按指印）：/　　20××年×月×日

当事人签名（盖章或者按指印）：王××　　20××年×月×日

饶××　　20××年×月×日

×× 县农业农村局
现场勘验笔录

时　　间：20×× 年 × 月 × 日 × 时 × 分至 × 时 × 分

勘验地点：×× 县 ×× 路 ×× 号（×× 有限公司 ×× 号仓库）

当 事 人：陈 ××

勘验机关：×× 县农业农村局

勘验人员：王 ××　　执法证号：17××××××××××

勘验人员：饶 ××　　执法证号：17××××××××××

记 录 人：王 ××

现场勘验情况：20×× 年 × 月 × 日 × 时 × 分，因陈 ×× 涉嫌伪造水生野生动物繁育许可证案，×× 县农业农村局执法人员王 ××、饶 ×× 对涉案龟甲存放现场进行勘验。执法人员王 ××、饶 ×× 分别向当事人出示行政执法证，说明来意，在当事人法定代表人李 ×× 的陪同下到涉案龟甲存放现场进行现场勘验，现场勘验情况如下：

1. 涉案物品龟甲存放于 ×× 市 ×× 大道 ×× 号 ×× 有限公司 ×× 号仓库。在仓库西北角有 34 个白色编织袋（33 个标准袋每袋内装龟甲 45kg，1 个不标准袋内装龟甲 15kg），内装龟甲共计 1500kg。34 个白色编织袋分别堆放在 4 个木质托板上，其中 3 个木质托板上各堆放有 10 袋，另 1 个木质托板堆放 4 袋（其中 1 袋为不标准袋）。

2. 每个袋上挂有标签，标签内容："品名：龟甲，每袋 45kg，产地：湖北，规格：10cm×8cm，采购（加工）日期：20×× 年 × 月，供货单位：×× 养殖专业合作社。标签正下方贴有中国水生野生动物管理专用标识，农业农村部渔业渔政管理局监制。

3. 执法人员现场拍摄照片 2 张，绘制现场勘验图 1 份。

以上笔录记载情况，已交当事人核对，与现场情况一致。

（以下空白）

当事人签名（盖章或者按指印）：陈 ××　　20×× 年 × 月 × 日

见证人签名（盖章或者按指印）：/　　20×× 年 × 月 × 日

当事人签名（盖章或者按指印）：王 ××　　20×× 年 × 月 × 日

饶 ××　　20×× 年 × 月 × 日

《现场检查（勘验）笔录》注意事项：

《现场检查（勘验）笔录》是农业行政处罚机关依法对与案件有关的物品或者场所进行现场检查或者勘验，制作现场检查笔录或者勘验笔录时使用的文书。

2. 在使用“检查”和“勘验”笔录格式文书时二选一，用现场勘验笔录时应去掉“检查”两个字。

3.《现场检查（勘验）笔录》应当对所检查的物品名称、数量、包装形式、规格或者所勘验的现场具体地点、范围、状况等作全面、客观、准确地记录。需要绘制勘验图的，可另附纸。

4. 现场绘制的勘验图、拍摄的照片和摄像、录音等资料，应当在笔录中注明。

5.“以上笔录记载情况，已交当事人核对／已向当事人宣读。”应由当事人手写。

6. 当事人到场的，《现场检查（勘验）笔录》应当当场交当事人核对或者向其宣读，并由当事人在笔录上逐页签名、盖章或者按指印。当事人不在场以及拒绝在笔录上签名、盖章或者按指印的，执法人员应当在笔录上注明原因，并采取拍照、录像或者其他方式记录现场情况和检查（勘验）过程；有其他人在场的，可由其他人员作为见证人在笔录上逐页签名、盖章或者按指印。

7. 笔录需要更正或者补充的，当事人、见证人应当在更正或者补充部分单独签名、盖章或者按指印确认。

8.《现场检查（勘验）笔录》应当标注页码（第 × 页　共 × 页）。

文书格式 21

××县农业农村局
抽样取证凭证

贾××

抽样时间：20××年×月×日×时×分

抽样地点：××县×××门市部

因你涉嫌经营假（劣）水稻种子，本机关依法对你下列物品抽样取证。

物品名称	××粤占	××8号	××3745
商　　标	××农	××种业	××种业
生产单位（标称）	××科技有限公司	××种业有限公司	××种业有限公司
产品许可号	B（×）农种许字（20××第×号）	B（×）农种许字（20××第×号）	B（×）农种许字（20××第×号）
单位许可号	/	/	/
生产日期（批号）	20××-11	20××-09	20××-09
样品规格	1kg/袋	500g/袋	500g/袋
抽样数量	400g（混样）	400g（混样）	400g（混样）
样本基数	210kg	300kg	60kg

抽样人员签名：曹×× 执法证件号：×××××××××

抽样人员签名：石×× 执法证件号：×××××××××

当事人签名（盖章或者按指印）：贾×× 20××年×月×日

见证人签名（盖章或者按指印）：/ 年 月 日

××县农业农村局

20××年×月×日

《抽样取证凭证》注意事项：

《抽样取证凭证》是农业行政处罚机关在案件调查过程中依法采取抽样取证措施收集证据时，对抽样取证过程、样品、封样等情况进行记录时所使用的文书。

2. 被抽样产品及抽样情况填写应当完整、准确。抽样凭证中各栏目信息，应当按照抽样物品或者其外包装、说明书上记载的内容填写；没有或者无法确定其中某项内容的，应当注明。

3. 抽取样品数量包括检验样品数量以及备用样品数量；抽样基数是被抽样同批次产品的总量。

4. 样品封样情况写明被抽样品加封情况、备用样品封存地点。执法人员应当对样品加贴封条，封条应当标明封样日期，并加盖执法机关印章。

5. 执法人员和当事人应当在《抽样取证凭证》上签名或者盖章。当事人拒绝在《抽样取证凭证》上签名、盖章确认的，执法人员应当采取拍照、录像或者其他方式记录抽样取证情况，必要时可请有关人员到场作为见证人签名、盖章或者按指印确认，并在备注栏注明见证人身份信息等情况。

6. 法律、行政法规、农业农村部规章对抽样取证方式、标准等有特别规定的，应当按照有关规定执行。

7. 存放于不同地点的物品（批次）要分别抽样，分别填写凭证。

8. 当场封样，当事人和执法人员共同签字，信息不能填写错，空格要划线。

9. 履行告知义务，告知当事人要妥善保管留存的样品，不得私自拆封、调换、毁损抽样的样品。

10. 样品一般不少于一式三份（送检、备检、留存）。

文书格式 22

×× 市农业农村局
产品确认通知书

× 农（农安）检告〔20××〕× 号

×× 农业科技发展有限公司：

本机关 20×× 年__月__日在我市种子市场销售中发现标称为你单位生产的产品，基本情况如下：

产品名称	×× 粤占
商　　标	×× 农
标称生产单位	×××× 农业科技发展有限公司
产品许可号	国审稻 20××××××
单位许可号	B（湘）农种许字（2××）第 0028 号
生产日期（批号）	20×× 年 11 月
规　　格	1 千克 / 袋

依据《农业行政处罚程序规定》第四十一条第三款的规定，请你单位于 20×× 年 × 月 × 日前确认上述产品是否为你单位生产。如非你单位生产，请书面说明理由并提供相关证明材料。

联 系 人：王 ××、李 ××　　　　联系电话：×××××

联系地址：×× 市 ×× 区 ×× 路 × 号　　　　邮编：××××××

附件：1. 小包装产品 1 份（1 千克）

2. 大、小包装产品正反照片 4 份（共 8 页）

3. 进货凭证 2 份（共 2 页）

×× 市农业农村局

20×× 年 × 月 × 日

《产品确认通知书》注意事项：

1.《产品确认通知书》是农业行政处罚机关从非生产单位取得样品后，为确认样品的真实生产单位，向样品标签、包装等标注的生产单位进行确认时使用的文书。

2.《产品确认通知书》中各栏目信息，应当按照产品外包装、标签、说明书上记载的内容填写，并附照片；没有或者无法确认其中某项内容的，应当注明。必要时，还应当提供经营者汇款购买该产品的发票、对账单等加以确认。

3. 向谁确认，首部填写样品外包装上标注的生产经营单位，生产、经营单位不一致的分别发送。

4. 确定合理的回复期限，应当把路途往返和核对的时间等计算在内，并适当留有余地。

5. 可以要求确认单位提供其他需要说明的资料。

6. 各栏目信息内容填写完整，空格栏用斜线划去。

7. 送达方式：直接送达、委托送达、邮寄送达（仅限邮政）。

文书格式 23

××县农业农村局
检验委托书

×农（农产品）检委〔20××〕×号

××农产品质量安全检验中心：

根据《农业行政处罚程序规定》第四十条第一款的规定，本机关现委托你单位对白萝卜含农药成分进行检验。

请你单位于20××年×月×日前，向本机关提交由检验人员签名或盖章，并加盖你单位公章的报告3份，并在报告中载明以下内容：本机关向你单位提供的相关材料，检验的内容、依据、使用的科学技术手段、过程及明确结论，以及你单位及检验人员的资质证明。

联 系 人：王××、周×× 联系电话：×××××

联系地址：××县××路×号 邮编：××××××

附件：1.《抽样取证凭证》1份（共1页）

2. 受检材料说明1份（共2页）

××县农业农村局

20××年×月×日

《检测／检验／鉴定／评估／认定委托书》注意事项：

1.《检测／检验／鉴定／评估／认定委托书》是农业行政处罚机关在案件调查过程中，依法委托具有法定资质的机构或者其他具备相应条件的机构对专门事项进行检测、检验、鉴定、评估、认定时所使用的文书。

2.使用本文书时，应当在标题及正文中对检测、检验、鉴定、评估、认定事项进行选择。

3.正文物品清单中写不下的，可另附页。

4.本文书可以直接附抽样取证凭证及《场所／设施／财物清单》。

5.必要时，执法人员可以制作物品状况笔录，对物品的外观状态、包装情况、材料情况及解封过程等进行详细记录，由委托方和受委托方双方签名。

6.应当写明要求提供报告的期限。根据不同情况，需要给受委托方留足必要时间。

7.根据办案内容需要，可以告知委托目的及相关事项，报告符合农业行政处罚机关办案要求。

文书格式 24

×× 县农业农村局
检验结果告知书

×农（农产品）检告〔20××〕×号

××专业合作社：

本机关于20××年×月×日依法委托×××检验中心对你单位的下列物品进行检验：

白萝卜

检验结果如下：

该样品所检项目中含农药成分毒死蜱的检验结果不符合GN2763—2021的技术要求，该样品检验结果为不合格。

你单位生产经营白萝卜涉嫌违反《湖北省实施〈中华人民共和国农产品质量安全法〉办法》第十三条之规定，依据《农产品质量安全监测管理办法》第二十九条的规定，你单位如对上述结果有异议，可自接到本告知书之日起五日内，依法向××县农业农村局书面申请复检。

在复检期内，你单位不得对抽样田地种植的白萝卜采收、销售、销毁。

联 系 人：王××、周×× 联系电话：×××××

联系地址：××县××路×号 邮编：××××××

附件：《检测报告》（编号：NO：20××0JZ09）1份（共4页）

××县农业农村局

20××年×月×日

《检测 / 检验 / 鉴定 / 评估 / 认定结果告知书》注意事项：

1.《检测 / 检验 / 鉴定 / 评估 / 认定结果告知书》是农业行政处罚机关依法将检测、检验、鉴定、评估、认定结果告知当事人时所使用的文书。

2. 农业行政处罚机关在制作本文书时，应当在标题及正文中对检测、检验、鉴定、评估、认定进行选择。

3. 依据相关法律、法规、规章的规定，当事人享有复检、复鉴、复评权利，且客观上具备复检、复鉴、复评条件的，农业行政处罚机关应当依法告知当事人复检、复鉴、复评权利，以及申请复检、复鉴、复评的期限和受理单位。

4. 当事人对结果有异议的，自收到结果告知书之日起，依法提出书面申请。

5. 送达时，可以根据需要制作询问笔录。

6. 应当填写《送达回证》。

7. 当事人拒绝签收的，应当按照《中华人民共和国民事诉讼法》相关规定的送达方式进行送达。

文书格式 25

××县农业农村局
行政处罚有关事项审批表

案件名称	黄××涉嫌未取得农药经营许可证经营农药案
审批事项	证据先行登记保存
提请审批的理由、依据及处理意见	20××年×月×日，本机关执法人员在××镇进行农药市场检查时，发现本镇××村个体工商户黄××未取得农药经营许可证经营农药。执法人员随即对其门店进行了检查，并对黄××进行了询问。黄××供述经营农药未办理《农药经营许可证》，柜台摆放农药“苄·二氯”40袋，标注规格5克/袋，“二氯喹啉酸”14袋，标注规格25克/袋，“吡嘧磺隆”15袋，标注规格10克/袋，仓库中未发现农药。 当事人黄××涉嫌未取得农药经营许可证经营农药的行为，违反了《农药管理条例》第二十四条第一款规定，为防止证据灭失，依据《中华人民共和国行政处罚法》第五十六条规定，建议对黄××经营的农药“苄·二氯”40袋，“二氯喹啉酸”14袋，“吡嘧磺隆”15袋采取证据先行登记保存措施。 执法人员：王××、石×× 20××年×月×日
执法机构意见	同意采取证据先行登记保存措施。 执法机构负责人：周×× 20××年×月×日
农业行政处罚机关意见	同意证据先行登记保存。 农业行政处罚机关负责人：郭×× 20××年×月×日
备　注	/

××县农业农村局
行政处罚有关事项审批表

案件名称	××市××农资店经营假农药案
审批事项	申请分期缴纳罚款
提请审批的理由、依据及处理意见	申请人因有经济困难，申请需要分期缴纳罚款。经执法人员核实，申请人因遭遇重大疾病后确有严重经济困难，根据《农业行政处罚程序规定》第八十一条之规定，建议同意其申请。 执法人员：胡××、夏×× 20××年×月×日
执法机构意见	经审查，申请人符合分期缴纳罚款条件，同意其申请。 执法机构负责人：周×× 20××年×月×日
农业行政处罚机关意见	同意分期缴纳罚款。 农业行政处罚机关负责人：郭×× 20××年×月×日
备 注	附申请人申请书、医院证明等

《行政处罚有关事项审批表》注意事项：

1.《行政处罚有关事项审批表》是农业行政处罚机关在查办案件过程中，对需要经过农业行政处罚机关负责人审批的事项，提请该机关负责人审批时所使用的文书。

2. 除立案或者不予立案审批、强制措施审批、行政处罚决定审批、结案审批以外，在执法调查过程中其他需要提请农业行政处罚机关负责人审批的，如证据先行登记保存、中止调查、恢复调查、延长办案期限、先行处置物品、延期（分期）缴纳罚款等，使用本文书。

3. 案件名称要根据办案进程填写，有的加“涉嫌”两字，有的没有“涉嫌”两字。

4. 审批事项要有法律依据，写明事项，内容是针对需要行政处罚机关负责人审批的事项。

5. 根据不同的审批事项写明理由、依据和处理意见。

6. 执法机构和农业行政处罚机关负责人的意见要明确。

文书格式 26

××县农业农村局
证据先行登记保存通知书

×农（种子）先登〔20××〕×号

当事人：贾××

主体资格证照名称：/

统一社会信用代码：/

住所：××区卧龙镇黄家营村三组

因你涉嫌经营假（劣）水稻种子，本机关依照《中华人民共和国行政处罚法》第五十六条、《农业行政处罚程序规定》第四十二条的规定，对你在经营场所的下列物品（详见《财物清单》文书编号：××××）采取先行登记保存措施：

□就地存放于＿＿＿＿＿。登记保存期间，你（单位）或者有关人员不得使用、销售、转移、损毁、销毁证据。

☑ 异地保存于××县农业农村局物品保存仓库。

本机关将在7个工作日内对先行登记保存的证据依法作出处理决定。逾期未作出处理决定的，先行登记保存措施自动解除。

联系人：王××、李××　　联系电话：×××××

联系地址：××县××路×号　　邮编：××××××

附件：《财物清单》（文书编号：××××）1份（共1页）

××县农业农村局

20××年×月×日

《证据先行登记保存通知书》注意事项：

1.《证据先行登记保存通知书》是农业行政处罚机关在案件调查过程中，在证据可能灭失或者以后难以取得的情况下，对与涉嫌违法行为有关的证据采取登记保存时使用的文书。

2. 先行登记保存应经农业行政处罚机关负责人批准。情况紧急的，执法人员需要当场采取先行登记保存措施的，可以采用即时通讯方式报请农业行政处罚机关负责人同意，并在24小时内补办批准手续。

3. 就地或者异地保存物品应当明确，根据需要进行选择。保存地点要表述明确、清楚。登记保存时应当有当事人或者有民事行为能力的成年家属在场。

4. 被登记保存物品状况应当在通知书所附《场所/设施/财物清单》中逐项详细记录，登记保存地点应当表述准确、清晰。执法人员应当在《场所/设施/财物清单》上逐页签名。

5. 可以对证据登记保存的相关物品和场所加贴封条。封条应当标明日期，加盖农业行政处罚机关印章。

6.《场所/设施/财物清单》空格栏要划斜杠线或者“以下空白”字样。

7. 应当在采取证据先行登记保存措施后的7个工作日内作出处理决定并告知当事人。需要进行技术检验或者鉴定的时间扣除在外，但要告知当事人。不能重复采取证据先行登记保存措施。

8. 对不易采取长期保存的物品，需要销毁或者无害化处理的，依法进行处理。

9. 本文书一式两份，一份由农业行政处罚机关留存，一份交付当事人。

文书格式 27

××县农业农村局
先行登记保存物品处理通知书

×农（种子）先处〔20××〕×号

贾××：

本机关于20××年×月×日作出《证据先行登记保存通知书》[×农（种子）先登〔20××〕×号]，现根据《中华人民共和国行政处罚法》第五十六条、《农业行政处罚程序规定》第四十四条的规定，对你先行登记保存的物品［详见《财物清单》（文书编号：××××）］作出如下处理决定：

水稻种子“××粤占”210千克、“××8号”300千克、“××3745”30千克，共计540千克，拟依法予以没收，依照法定程序处理。

联 系 人：李××、郭××　　　联系电话：××××××

联系地址：××县××路×号　　　邮编：××××××

附件：《财物清单》（文书编号：××××）1份（共1页）

××县农业农村局

20××年×月×日

《先行登记保存物品处理通知书》注意事项：

1.《先行登记保存物品处理通知书》是农业行政处罚机关在规定的期限内对被先行登记保存的物品作出处理决定并告知当事人时使用的文书。

2. 执法人员应当在《先行登记保存物品处理通知书》所附《场所／设施／财物清单》中详细记录被登记保存物品状况，登记保存地点要表述明确、清楚。

3. 先行登记保存物品应当在7个工作日内作出处理决定：

①根据情况及时采取记录、复制、拍照、录像等证据保全措施；

②需要进行技术检测、检验、鉴定、评估、认定的，送交有关部门检测、检验、鉴定、评估认定；

③对依法应予没收的物品，依照法定程序处理；

④对依法应当由有关部门处理的，移交有关部门；

⑤为防止损害公共利益，需要销毁或者无害化处理的，依法进行处理；

⑥不需要继续登记保存的，解除先行登记保存。

4. 需要没收的，“就地保存”的处理决定最后写明“拟依法予以没收，待本案行政处罚决定书下达后执行，依照法定程序处理”；“异地保存”的处理决定写明“拟依法予以没收，依照法定程序处理”。

5. 当事人应在《送达回证》上签字或盖章。为避免当事人收到退还物品后不承认，建议当事人在存档的通知书上注明“已收到××××××”，并签名和写清日期。

6. 本文书一式两份，一份由农业行政处罚机关留存，一份交付当事人。

文书格式 28

××县农业农村局
实施行政强制措施审批表

<table>
<tr><td>案件名称</td><td colspan="5">××公司涉嫌生产经营假农药案</td></tr>
<tr><td rowspan="3">当事人</td><td rowspan="3">单位</td><td>名称</td><td>××公司</td><td>统一社会信用代码</td><td>××××××××××××××</td></tr>
<tr><td>法定代表人</td><td>王××</td><td>联系电话</td><td>××××××××××</td></tr>
<tr><td>住所</td><td colspan="3">××县××镇××路×号</td></tr>
<tr><td>实施行政强制措施的内容</td><td colspan="5">经抽样检测结果溯源，××农资店涉嫌经营的假农药“草甘膦异丙胺盐”系从当事人处采购。20××年×月×日，本机关执法人员在当事人的农药经营场所开展溯源调查，发现当事人位于××市××镇××路×号的仓库内存放有用于生产农药的混合设备1台、灌装设备1台、喷码器1台；农药生产原料10桶，桶身贴有简易标签，标注有“95%草甘膦原药、20kg”字样；贴有标签的空农药瓶2000个，标签上标注（农药名称：草甘膦异丙胺盐、有效成分含量：草甘膦30%、草甘膦异丙胺盐含量：41%、农药登记证号：PD××××××××、剂型：水剂、净含量：1000g/瓶、生产日期：见瓶盖喷码，生产企业：×××有限公司），其内容与抽样样品标签相同。
依据《农药管理条例》第四十一条第五项和第六项“县级以上人民政府农业主管部门履行农药监督管理职责，可以依法采取下列措施：（五）查封、扣押违法生产、经营、使用的农药，以及用于违法生产、经营、使用农药的工具、设备、原材料等；（六）查封违法生产、经营、使用农药的场所”之规定，建议对当事人用于涉嫌生产假农药的仓库（1间）及用于生产假农药的混合设备1台、灌装设备1台、喷码器1台和95%草甘膦原药10桶共200Kg、空农药瓶2000个等予以采取查封措施，期限30日。
经办人：张××、李××
20××年×月×日</td></tr>
<tr><td>实施时间</td><td colspan="5">自20××年×月×日起</td></tr>
<tr><td>执法机构意见</td><td colspan="5">同意实施查封。
执法机构负责人：周××
20××年×月×日</td></tr>
<tr><td>法制机构意见</td><td colspan="5">同意实施查封。
法制机构负责人：刘××
20××年×月×日</td></tr>
<tr><td>农业行政处罚机关意见</td><td colspan="5">同意实施查封。
农业行政处罚机关负责人：郭××
20××年×月×日</td></tr>
<tr><td>备注</td><td colspan="5">/</td></tr>
</table>

××县农业农村局
实施行政强制措施审批表

<table>
<tr><td>案件名称</td><td colspan="9">××农资店涉嫌经营假农药案</td></tr>
<tr><td rowspan="4">当事人</td><td rowspan="4">个体工商户</td><td>姓名</td><td>朱××</td><td>性别</td><td>男</td><td>民族</td><td>×族</td><td>出生日期</td><td>××××年×月×日</td></tr>
<tr><td>公民身份号码</td><td colspan="4">420×××××××××××××××</td><td colspan="2">工作单位和职务</td><td>/</td></tr>
<tr><td>住所</td><td colspan="4">××县××镇××路××号</td><td colspan="2">联系电话</td><td>×××××××××</td></tr>
<tr><td>字号名称</td><td colspan="4">××农资店</td><td colspan="2">统一社会信用代码</td><td>××××××××××××××</td></tr>
<tr><td>实施行政强制措施的内容</td><td colspan="9">当事人经营的“草甘膦异丙铵盐”（农药名称：草甘膦异丙胺盐、有效成分含量：草甘膦30%、草甘膦异丙胺盐含量：41%、农药登记证号：PD××××××××、剂型：水剂、净含量：1000g/瓶、生产日期：××××××××，生产企业：×××有限公司），经××××检测技术研究有限公司检测，未见其他农药成分，未检出异丙胺离子，异丙胺离子分数不符合GB/T 20684—2017要求，草甘膦质量分数为29.9%。综合判定该样品不合格。依据《农药管理条例》第四十四条第一款第二项“有下列情形之一的，认定为假农药：（二）以此种农药冒充他种农药”之规定，认定为假农药。
20××年×月×日，本机关执法人员向当事人送达了《检测结果告知书》[×农（农药）检告〔20××〕×号]，并对当事人农药经营场所进行现场检查，发现当事人库存该农药产品65瓶，且与经抽样送检的不合格产品为同一批次。依据《中华人民共和国行政强制法》第二十四条、《农业行政处罚程序规定》第四十五条、第四十六和《农药管理条例》第四十一条第五项“县级以上人民政府农业主管部门履行农药监督管理职责，可以依法采取下列措施：（五）查封、扣押违法生产、经营、使用的农药，以及用于违法生产、经营、使用农药的工具、设备、原材料等”之规定，建议对当事人库存的上述65瓶“草甘膦异丙铵盐”农药产品采取扣押措施，期限30日。
经办人：张××、李××
20××年×月×日</td></tr>
<tr><td>实施时间</td><td colspan="9">自20××年×月×日起</td></tr>
<tr><td>执法机构意见</td><td colspan="9">同意实施扣押。
执法机构负责人：周××
20××年×月×日</td></tr>
<tr><td>法制机构意见</td><td colspan="9">同意实施扣押。
法制机构负责人：刘××
20××年×月×日</td></tr>
<tr><td>农业行政处罚机关意见</td><td colspan="9">同意实施扣押。
农业行政处罚机关负责人：郭××
20××年×月×日</td></tr>
<tr><td>备注</td><td colspan="9">/</td></tr>
</table>

《实施行政强制措施审批表》注意事项：

1.《实施行政强制措施审批表》是农业行政处罚机关依法作出实施行政强制措施，由农业执法机构提请农业行政处罚机关负责人审批时使用的文书。

2. 实施行政强制措施必须有具体的法律、法规（行政法规和地方性法规）规定才能审批，其它规章和规范性文件不得实施。

3.“实施行政强制措施的内容”应当填写实施行政强制措施的理由、依据和内容。实施查封、扣押的依据应引用相应法律法规的具体条款，如《兽药管理条例》第四十六条第一款，《中华人民共和国种子法》第四十九条第一款。

4.“实施时间”应当明确，查封、扣押的期限不得超过30日；情况复杂的，经行政机关负责人批准，可以延长，但是延长期限不得超过30日。需要延长查封、扣押的，应当再次填写制作《实施行政强制措施审批表》进行审批。以上期限含法定节假日。

5.“机构、机关”应当签批明确措施，如查封或者扣押。

6. 情况紧急，需要当场采取行政强制措施的，农业行政执法人员应当在24小时内向农业行政处罚机关负责人报告，并补办批准手续。补办批准手续的，应当在《实施行政强制措施审批表》备注栏注明。

7. 如果查封或者扣押的物品有必要进行检测、检验、检疫或者技术鉴定的，应当在备注栏注明，同时说明检测、检验、检疫或者技术鉴定期间不计入查封（扣押）期限。

文书格式 29

×× 县农业农村局
查封决定书

×农（农药）封〔20××〕×号

××公司：

经查，因你单位涉嫌生产经营假农药，现依据《中华人民共和国行政强制法》第二十四条、《农业行政处罚程序规定》第四十五条、第四十六条和《农药管理条例》第四十一条第五项和第六项的规定，本机关决定对你单位有关财物［详见《场所清单》（文书编号：××××）］予以查封30日。

查封期间，你单位应当妥善保管查封的场所，任何人不得使用、销售、转移、损毁、隐匿。

如对本决定不服，可以在收到本决定书之日起60日内向××县人民政府申请行政复议；也可以6个月内向××县人民法院提起行政诉讼。行政复议和行政诉讼期间，本决定不停止执行。

联 系 人：张××、李××　　　　联系电话：×××××××

联系地址：××县××路×号　　　　邮编：××××××

附件：《场所清单》（文书编号：××××）1份（共1页）

××县农业农村局

20××年×月×日

《查封（扣押）决定书》注意事项：

1.《查封（扣押）决定书》是农业行政处罚机关在案件调查中，依照有关法律法规对涉案场所、设施或者财物采取行政强制措施，实施查封（扣押）时使用的文书。

2. 实施查封（扣押）应当有法律、法规依据，应当写明所依据的具体条款。

3. 实施查封（扣押）期限，应当明确具体，不得超过30日。

4. 实施查封（扣押）时，可以在相关场所、设施或财物加贴封条。封条应当注明日期，并加盖农业行政处罚机关印章。

5. 实施查封（扣押）时，应当制作现场笔录。

6. 查封（扣押）当事人物品及有关材料时，当事人如果是公民个人，应当通知其本人或者其成年近亲属到场并通知其工作单位或财产所在地基层组织派人参加；如果当事人是单位，则应当通知其法定代表人或负责人到场。

7. 不得损害当事人的合法权益，对与案件有关的物品、文件可以采取查封（扣押），但要注意妥善保管，不得使用或损毁，对当事人的与案件无关的物品、文件不能采取查封（扣押）。

文书格式 30

××县农业农村局
扣押现场笔录

时　　间：20××年×月×日×时×分至×时×分

地　　点：××县××镇××路××号（××农资店经营场所）

当 事 人：××农资店（负责人：朱××）

执法机关：××县业农村局

执法人员：张××　　执法证号：17×××××××××

　　　　　李××　　执法证号：17×××××××××

记 录 人：李××

现场情况：20××年×月×日×时×分，本机关执法人员张××、李××向当事人的负责人朱××出示执法证件，对当事人涉嫌违法经营的假农药产品“草甘膦异丙铵盐”进行清点和核实后实施扣押。该“草甘膦异丙胺盐”农药产品标签上标注生产企业：××××有限公司、有效成分含量：草甘膦30%、草甘膦异丙胺盐含量：41%、农药登记证号：PD×××××××××、剂型：水剂、净含量：1000g/瓶，生产日期：20×××××××、最小包装为蓝色透明塑料瓶，使用白色纸质包装箱封装成件，每件12瓶。经清点，当事人经营场所内共有该农药产品5件零5瓶，合计65瓶。执法人员向当事人送达了《××县农业农村局扣押决定书》[×农（农药）扣〔20××〕×号]，朱××当场阅读了《××县农业农村局扣押决定书》[×农（农药）扣〔20××〕×号]，并确认已知晓本机关采取行政强制措施的理由、依据以及依法享有的权利、救济途径。当事人未进行陈述和申辩。朱××在《送达回证》和封条上签名按指印。执法人员将65瓶该“草甘膦异丙铵盐”封装并加贴封条后实施扣押。

以上笔录记载情况，已交当事人核对。

朱××　20××年×月×日

当事人签名（盖章或者按指印）：朱××　　20××年×月×日

见证人签名（盖章或者按指印）：　/　　　年　月　日

执法人员签名：张××　　20××年×月×日

　　　　　　　李××　　20××年×月×日

《查封（扣押）现场笔录》注意事项：

1.《查封（扣押）现场笔录》是农业行政处罚机关在案件调查过程中，依法对涉案场所、设施或者财物采取查封、扣押等行政强制措施时，对实施查封（扣押）以及其他现场情况进行记录时使用的文书。

2. 应当对实施查封（扣押）的物品名称、数量、包装形式、规格等作全面、客观、准确的记录，查封（扣押）多个物品的，应当在笔录中分别描述。

3. 实施查封（扣押）时，应通知当事人或利害关系人到场，并制作《查封（扣押）现场笔录》。当事人或利害关系人拒不到场时，可邀请有关组织派员协助查封（扣押），并在笔录上逐页签名见证。

4.《查封（扣押）现场笔录》应记录当事人陈述申辩及采纳情况。

5. 在不同地点实施查封（扣押）措施的，应当分别制作笔录。

6. 制作过程应当全程使用执法记录仪记录，对查封（扣押）的物品应当分别拍照。

7.《查封（扣押）现场笔录》应当标注页码（第 × 页　共 × 页）。

文书格式 31

×× 县农业农村局
延长查封期限审批表

<table>
<tr><td colspan="2">案件名称</td><td colspan="4">×× 公司涉嫌生产经营假农药案</td></tr>
<tr><td rowspan="3">当事人</td><td rowspan="3">单位</td><td>名称</td><td>×× 公司</td><td>统一社会信用代码</td><td>×××××××××××××</td></tr>
<tr><td>法定代表人</td><td>王 ××</td><td>联系电话</td><td>××××××××××</td></tr>
<tr><td>住 所</td><td colspan="3">×× 县 ×× 路 ×× 号</td></tr>
<tr><td colspan="2">延长查封期限理由依据及延长期限</td><td colspan="4">当事人涉嫌生产经营假农药，经批准，本机关于20×× 年 × 月 × 日向当事人送达了《×× 农业农村局查封决定书》[× 农（农药）封〔20××〕× 号]，并对当事人位于 ×× 市 ×× 路 ×× 号用于生产假农药的仓库及仓库内的生产设备、原料予以查封。
因本案案情复杂，对当事人用于生产假农药的原料来源、生产的假农药销售情况等证据需 ×× 市、×× 市等地农业农村局协助调查，目前尚未查清。根据《中华人民共和国行政强制法》第二十五条之规定，建议对当事人查封的仓库和物品予以延长查封 30日。
执法人员：张 ××、李 ××
20×× 年 × 月 × 日</td></tr>
<tr><td colspan="2">执法机构意见</td><td colspan="4">同意延长查封 30 日。
执法机构负责人：周 ××
20×× 年 × 月 × 日</td></tr>
<tr><td colspan="2">法制机构意见</td><td colspan="4">同意延长查封 30 日。
法制机构负责人：刘 ××
20×× 年 × 月 × 日</td></tr>
<tr><td colspan="2">农业行政处罚机关意见</td><td colspan="4">同意延长查封 30 日。
农业行政处罚机关负责人：郭 ××
20×× 年 × 月 × 日</td></tr>
<tr><td colspan="2">备注</td><td colspan="4">/</td></tr>
</table>

《延长查封（扣押）期限审批表》注意事项：

1.《延长查封（扣押）期限审批表》是农业行政处罚机关依法作出延长查封（扣押）期限决定，由农业执法机构提请农业行政处罚机关负责人审批时使用的文书

2. 当事人的信息应当与查封（扣押）时当事人的信息一致。

3. 一般情况下，延长查封（扣押）的物品应当与查封（扣押）时的物品一致。鲜活物品或者其他不易保管的财物已经先行处置的，应当在审批表中说明。

4. 延长期限应当明确，延长期限不得超过 30 日。

5. 延长查封（扣押）的理由和依据应当充分合理。

文书格式 32

×× 县农业农村局
延长查封期限决定书

×农（农药）延封〔20××〕×号

××公司：

因你单位涉嫌生产经营假农药，本机关于20××年×月×日对你单位有关财物［详见《设施清单》（文书编号：××××）］予以查封。现因情况复杂，根据《中华人民共和国行政强制法》第二十五条之规定，经本机关负责人批准，决定延长查封期限30日。

如对本决定不服，可以在收到本决定书之日起60日内向××县人民政府申请行政复议；也可以6个月内向××县人民法院提起行政诉讼。行政复议和行政诉讼期间，本决定不停止执行。

联系人：王××、李××　　　　联系电话：××××××

联系地址：××县××路×号　　　　邮编：××××××

附件：《设施清单》（文书编号：××××）1份（共1页）

××县农业农村局

20××年×月×日

《延长查封（扣押）期限决定书》注意事项：

1.《延长查封（扣押）期限决定书》是农业行政处罚机关在查办案件过程中，因情况复杂需要延长查封（扣押）期限时所使用的文书。

2.《延长查封（扣押）期限决定书》应当及时送达当事人，并说明理由。

3. 延长查封（扣押）应当经农业行政处罚机关负责人批准，延长查封（扣押）期限应当明确具体，不得超过 30 日。

4. 对查封（扣押）的物品需要进行检测、检验、检疫或者技术鉴定的，查封、扣押的期间不包括检测、检验、检疫或者技术鉴定的期间。因此，延长的理由不包括检测、检验、检疫或者技术鉴定。

5.《延长查封（扣押）期限决定书》应附《场所 / 设施 / 财物清单》。

文书格式 33

××县农业农村局
行政强制措施处理审批表

<table>
<tr><td colspan="2">案件名称</td><td colspan="8">朱××涉嫌未经定点从事生猪屠宰活动案</td></tr>
<tr><td rowspan="3">当事人</td><td rowspan="3">个人</td><td>姓名</td><td>朱××</td><td>性别</td><td>男</td><td>民族</td><td>汉族</td><td>出生日期</td><td>××××年×月×日</td></tr>
<tr><td>公民身份号码</td><td colspan="3">××××××××××××</td><td colspan="2">工作单位和职务</td><td colspan="2">/</td></tr>
<tr><td>字号名称</td><td colspan="3">××农资店</td><td colspan="2">统一社会信用代码</td><td colspan="2">×××××××××××
××××</td></tr>
<tr><td colspan="2">行政强制处理措施理由</td><td colspan="8">20××年×月×日，本机关对当事人经营的65瓶“草甘膦异丙铵盐”（农药名称：草甘膦异丙胺盐、有效成分含量：草甘膦30%、草甘膦异丙胺盐含量：41%、农药登记证号：PD×××××××××、剂型：水剂、净含量：1000g/瓶、生产日期：×××××××××，生产企业：×××有限公司）实施扣押。经调查核实，当事人经营假农药的违法行为事实清楚、证据确凿，依据《农药管理条例》第五十五条的规定，应当予以没收，建议作出没收予以没收的处理决定。
执法人员：张××、李××
20××年×月×日</td></tr>
<tr><td colspan="2">执法机构意见</td><td colspan="8">同意予以没收。
执法机构负责人：周××
20××年×月×日</td></tr>
<tr><td colspan="2">法制机构意见</td><td colspan="8">同意予以没收。
法制机构负责人：刘××
20××年×月×日</td></tr>
<tr><td colspan="2">农业行政处罚机关意见</td><td colspan="8">同意予以没收。
农业行政处罚机关负责人：郭××
20××年×月×日</td></tr>
<tr><td colspan="2">备注</td><td colspan="8">/</td></tr>
</table>

×× 县农业农村局
行政强制措施处理审批表

<table>
<tr><td colspan="2">案件名称</td><td colspan="8">×× 农资店涉嫌经营假农药案</td></tr>
<tr><td rowspan="3">当事人</td><td rowspan="3">个体工商户</td><td>姓名</td><td>朱 ××</td><td>性别</td><td>男</td><td>民族</td><td>× 族</td><td>出生日期</td><td>×××× 年 × 月 × 日</td></tr>
<tr><td>公民身份号码</td><td colspan="5">420×××××××××××××××</td><td>工作单位和职务</td><td>/</td></tr>
<tr><td>住所</td><td colspan="5">×× 县 ×× 镇 ×× 路 ×× 号</td><td>联系电话</td><td>×××××××××××</td></tr>
<tr><td colspan="2">行政强制处理措施理由</td><td colspan="8">20×× 年 × 月 × 日，本机关对当事人经营的 65 瓶“草甘膦异丙铵盐”（农药名称：草甘膦异丙胺盐、有效成分含量：草甘膦 30%、草甘膦异丙胺盐含量：41%、农药登记证号：PD×××××××××、剂型：水剂、净含量：1000g/ 瓶、生产日期：×××××××××，生产企业：××× 有限公司）实施扣押。经调查核实，当事人经营假农药的违法行为事实清楚、证据确凿，依据《农药管理条例》第五十五条的规定，应当予以没收，建议作出没收予以没收的处理决定。

执法人员：张 ××、李 ××
20×× 年 × 月 × 日</td></tr>
<tr><td colspan="2">执法机构意见</td><td colspan="8">同意予以没收。

执法机构负责人：周 ××
20×× 年 × 月 × 日</td></tr>
<tr><td colspan="2">法制机构意见</td><td colspan="8">同意予以没收。

法制机构负责人：刘 ××
20×× 年 × 月 × 日</td></tr>
<tr><td colspan="2">农业行政处罚机关意见</td><td colspan="8">同意予以没收。

农业行政处罚机关负责人：郭 ××
20×× 年 × 月 × 日</td></tr>
<tr><td colspan="2">备注</td><td colspan="8">/</td></tr>
</table>

××县农业农村局
行政强制措施处理审批表

<table>
<tr><td>案件名称</td><td colspan="6">××合作社涉嫌在农产品生产过程中使用国家禁止使用的农业投入品案</td></tr>
<tr><td rowspan="3">当事人</td><td rowspan="3">单位</td><td>名称</td><td colspan="2">××合作社</td><td>统一社会信用代码</td><td>××××××××××××××××</td></tr>
<tr><td>法定代表人</td><td colspan="2">王××</td><td>联系电话</td><td>×××××××××××</td></tr>
<tr><td>住所</td><td colspan="4">××县××镇××路×号</td></tr>
<tr><td>行政强制处理措施理由</td><td colspan="6">20××年×月×日，本机关对当事人生产的524千克茶叶实施扣押。经调查核实，当事人在生产该茶叶过程中使用国家禁止用于茶叶的农药水胺硫磷，当事人涉嫌在农产品生产过程中使用国家禁止使用的农业投入品的违法行为事实清楚、证据确凿。依据《中华人民共和国农产品质量安全法》第七十条的规定，应当进行无害化处理或者予以监督销毁。经研判，该批茶叶已经无法进行无害化处理，建议作出予以监督销毁的处理决定。

执法人员：张××、李××
20××年×月×日</td></tr>
<tr><td>执法机构意见</td><td colspan="6">同意予以没收。

执法机构负责人：周××
20××年×月×日</td></tr>
<tr><td>法制机构意见</td><td colspan="6">同意予以没收。

法制机构负责人：刘××
20××年×月×日</td></tr>
<tr><td>农业行政处罚机关意见</td><td colspan="6">同意予以没收。

农业行政处罚机关负责人：郭××
20××年×月×日</td></tr>
<tr><td>备注</td><td colspan="6">/</td></tr>
</table>

《行政强制措施处理审批表》注意事项：

1.《行政强制措施处理审批表》适用于处理查封（扣押）物品前需要农业行政处罚机关负责人批准时的文书。

2. 当事人的信息应当与查封（扣押）时填写的当事人信息一致。

3. 作出解除行政强制措施的理由应当符合《中华人民共和国行政强制法》第二十八条第一款所列情形：

①当事人没有违法行为；

②查封、扣押的场所、设施或者财物与违法行为无关；

③行政机关对违法行为已经作出处理决定，不再需要查封、扣押；

④查封、扣押期限已经届满；

⑤其他不再需要采取查封、扣押措施的情形。

4. 作出解除行政强制措施的，应当解除查封（扣押）后应当立即退还财物。

5. 作出解除行政强制措施的，若实施查封、扣押的财物包含鲜活物品或者其他不易保管的财物，在查封、扣押期间已经依法拍卖或者变卖的，退还拍卖或者变卖所得款项。变卖价格明显低于市场价格，给当事人造成损失的，应当给予补偿。

6. 作出没收的处理决定的，应当事实清楚、证据确凿且有对应法律法规具体条文规定查封（扣押）的财物应当予以没收。如《农药管理条例》第五十五条规定应当没收假农药、《中华人民共和国种子法》第七十五条应当没收劣种子。

7. 作出销毁的处理决定的，应当有对应法律法规具体条文规定查封（扣押）的财物符合销毁条件。

文书格式 34

××县农业农村局
查封（扣押）处理决定书

×农（屠宰）封处〔20××〕×号

朱××：

本机关于20××年×月×日作出《××县农业农村局查封决定书》[×农（屠宰）封〔20××〕×号]，对你有关场所采取查封的强制措施。

根据《中华人民共和国行政强制法》第二十七条的规定，本机关决定自20××年×月×日对你全部场所［详见《场所清单》（文书编号：××××）］解除查封强制措施。

联系人：张××、李××　　　　联系电话：××××××

联系地址：××县××路×号　　　　邮编：××××××

附件：《场所清单》（文书编号：××××）1份（共1页）

××县农业农村局

20××年×月×日

××县农业农村局
扣押处理决定书

×农（农药）扣处〔20××〕×号

××农资商店：

本机关于20××年×月×日作出《××县农业农村局扣押决定书》[×农（农药）扣〔20××〕×号]，对你有关财物采取扣押的强制措施。

根据《中华人民共和国行政强制法》第二十七条的规定，本机关决定对非法财物[详见《财物清单》（文书编号：××××）]予以没收。

联系人：张××、李××　　　　联系电话：××××××

联系地址：××县××路×号　　　　邮编：××××××

附件：《财物清单》（文书编号：××××）1份（共1页）

××县农业农村局

20××年×月×日

×× 县农业农村局
扣押处理决定书

× 农（农药）扣处〔20××〕× 号

×××合作社：

本机关于20××年×月×日作出《××县农业农村局扣押决定书》[×农（农药）扣〔20××〕×号]，对你有关财物采取扣押的强制措施。

根据《中华人民共和国行政强制法》第二十七条的规定，本机关决定对全部物品[详见《财物清单》（文书编号：××××）]予以销毁。

联系人：张××、李××　　　　联系电话：××××××

联系地址：××县××路×号　　　　邮编：××××××

附件：《财物清单》（文书编号：××××）1份（共1页）

××县农业农村局

20××年×月×日

《查封（扣押）处理决定书》注意事项：

1.《查封（扣押）处理决定书》是农业行政处罚机关对已实施查封（扣押）措施的的场所、设施或者财物，作出依法解除行政强制措施、销毁全部或者部分扣押物品处理决定时使用的文书。

2. 查封（扣押）期限经延长的，应当载明延长行政强制措施决定的理由和相应内容。

3. 作出处理决定的查封（扣押）物品要与查封（扣押）时的物品核对无误。

4. 在作出处理决定时，应当制作附件《场所／设施／财物清单》，对查封（扣押）的物品作出不同处理决定时，应当分别制作编号不同的《场所／设施／财物清单》。

5. 部分解除查封（扣押）措施的，应当另行制作《场所／设施／财物清单》，写明解除场所、设施、财物的名称、规格、型号及数量等，并由办案人员和当事人在场所／设施／财物清单》上签名或者盖章。

6. 部分销毁查封（扣押）物品的，应当另行制作《场所／设施／财物清单》，写明销毁物品的名称、规格、型号及数量等，并由办案人员和当事人在场所／设施／财物清单》上签名或者盖章。

7.《查封（扣押）处理决定书》一式两份，一份农业行政处罚机关留存，另一份交付当事人。

文书格式 35

扣押财物清单

编号：××××

序号	名称	规格（型号）	单位	数量	备注
1	搅拌机	××××	台	1	
2	灌装机	××××	台	1	
3	喷码器	××××	台	1	
4	95% 草甘膦原药	20kg/ 桶	kg	200	
5	农药瓶（空）	/	个	2000	
	（以下空白）				

上述内容经核对无误。

朱×× 20××年×月×日

当事人签名（盖章或者按指印）：朱×× 20××年×月×日

见证人签名（盖章或者按指印）：/ 年 月 日

执法人员签名：张×× 20××年×月×日

李×× 20××年×月×日

《场所 / 设施 / 财物清单》注意事项：

1.《场所 / 设施 / 财物清单》是农业行政处罚机关在办案过程中，依法采取或者解除先行登记保存措施，实施或者解除查封（扣押）、销毁查封（扣押）物品等行政强制措施，以及委托检测、检验、鉴定、评估、认定等情形下，对涉案场所、设施、财物实施详细登记造册的书面凭证。

2. 本文书不能单独使用，须作为《证据先行登记保存通知书》《先行登记保存物品处理通知书》《查封（扣押）决定书》《查封（扣押）处理决定书》《扣押财物移送告知书》等文书的附件使用。

3. 不同批次、规格的物品应当分别填写。

4. 应当由当事人逐页签名、盖章或者按指印确认。执法人员应当在清单上逐页签名，并交相对人一份。

5. 当事人核对无误后，可由其在清单末尾写明“上述内容经核对无误”。

6. 若是手写清单，应在最后一项财物下一行填写“以下空白”。若是机打清单，可以直接将剩余空格删除。

7. 无法通知当事人，当事人不到场或者拒绝接受调查，以及当事人拒绝签名、盖章或者以按指印等方式确认的，可由见证人逐页签名。

8. 编号推荐编排方式：行政区划简称首字母 + 行为种类简称首字母 + 收案年度后两位 + 三位顺序号。如：武汉市农业农村局 2023 年下达《扣押处理决定书》附件《财物清单》编号为“WKC23001”。

文书格式 36

×× 县农业农村局
查封（扣押）财物移送告知书

× 农（农产品）物移〔20××〕× 号

×××合作社：

20××年×月×日，本机关根据《××县农业农村局扣押决定书》[×农（农产品）扣〔20××〕×号]对你单位财物实施了扣押行政强制措施。

因违法行为涉嫌犯罪，依据《中华人民共和国行政处罚法》第二十一条、《农业行政处罚程序规定》第二十一条第二款的规定，本机关依法已将案件移送××县公安局，相关财物清单[详见《财物清单》（文书编号：20×××××）]已于20××年×月×日一并移送。

联系人：张××、李××　　联系电话：××××××

联系地址：××县××路×号　　邮编：××××××

附件：《场所清单》（文书编号：××××）1份（共1页）

××县农业农村局

20××年×月×日

《查封（扣押）财物移送告知书》注意事项：

1.《查封（扣押）财物移送告知书》是农业行政处罚机关依法将查封（扣押）的财物移送公安机关或者其他有关部门并告知当事人时使用的文书。

2. 应当载明实施行政强制措施决定的时间和移送至司法机关的时间。

3. 一般情况下移送的查封（扣押）财物要与查封（扣押）时的财物一致并核对无误；部分移交时应当向当事人说明未移送部分财物的情况，对未移送的部分财物作出解除、没收、销毁决定的，应当制作对应的处理决定书。移送、解除、没收、销毁或依法拍卖的查封（扣押）财物总和应与作出查封（扣押）决定时的财物总和一致。

4. 制作告知书时，应当制作附件《场所／设施／财物清单》。

5.《查封（扣押）财物移送告知书》一式三份，一份农业行政处罚机关留存，一份作为《涉嫌犯罪案件移送书》的附件材料交受移送司法机关，另一份交付当事人。

文书格式 37

××县农业农村局
先行处置物品确认书

×农（农安）先处确〔20××〕×号

权利人	张××
告知事项	依据《农业行政处罚程序规定》第四十五条第三款的规定，告知如下：查封、扣押的场所、设施或者财物，应当妥善保管，不得使用或者损毁。除法律、法规另有规定外，鲜活产品、保管困难或者保管费用过高的物品和其他容易损毁、灭失、变质的物品，在确定为罚没财物前，经权利人同意或者申请，并经农业行政处罚机关负责人批准，在采取相关措施留存证据后，可以依法先行处置。权利人不明确的，可以依法公告，公告期满后仍没有权利人同意或者申请的，可以依法先行处置。先行处置所得款项按照涉案现金管理。
先行处置物品范围	☑依据《扣押决定书》[×农（农安）扣〔20××〕×号]，扣押的全部物品（详见《财物清单》文书编号：××××）； ☐依据《查封（扣押）决定书》[____农（__）封（扣）〔______〕__号]，查封/扣押的物品中的下列物品：________________（详见《场所/设施/财物清单》文书编号：________）
先行处置方式	☑委托__××拍卖公司__依法进行拍卖； ☐通过________________方式进行变卖； ☐通过________________。
执法人员联系方式	联 系 人：李××　　联系电话：××××××××× 联系地址：××市××县××路×号　　邮编：××××××
权利人确认	上述物品属于《农业行政处罚程序规定》第四十五条第三款规定的不宜长期保存的物品，本人清楚了解先行处置的内容及后果，为防止造成不必要的损失，本人同意按照上述处置方式先行处置。 权利人签名或盖章：张×× 20××年×月×日
备注	/

《先行处置物品确认书》注意事项：

1.《先行处置物品确认书》是农业行政处罚机关依法对不宜长期保存的物品，请权利人确认先行处置有关事项时所使用的文书。

2. 先行处置物品，不得违反相关法律、法规规定，且应当经权利人同意或者申请。权利人不明确，需要依法公告的，不使用本文书。

3. 先行处置物品的，应当填写《行政处罚案件有关事项审批表》，经农业行政处罚机关负责人批准。

4. 先行处置物品前，应当采取相关措施留存证据。

5. 先行处置所得款项按照涉案现金管理。

6. 先行处置物品一式两联，第一联由处罚机关留存，第二联交付当事人。

文书格式 38

×× 县农业农村局
先行处置物品公告

× 农（渔政）先处告〔20××〕× 号

本机关于20××年×月×日作出《××县农业农村局查封决定书》[×农（渔政）封〔20××〕×号]，查封了存放于××市××县××村×组汉江××段的涉案物品47kg鲈鱼。为防止造成不必要的损失，本机关依法拟对47kg鲈鱼先行处置，处置方式为：委托××拍卖公司依法进行拍卖。

因上述物品权利人不明确，依据《农业行政处罚程序规定》第四十五条第三款的规定，本机关予以公告，公告期间为自本公告发布之日起至20××年×月×日。请物品权利人在公告期间内向本机关提出意见或者申请。公告期满后仍没有权利人提出意见或者申请的，本机关将依照上述处置方式予以处置。

联系人：张××、王××　　联系电话：×××××××××

联系地址：××县××路×号　　邮编：××××××

××县农业农村局

20××年×月×日

《先行处置物品公告》注意事项：

1.《先行处置物品公告》是农业行政处罚机关对依法先行处置的物品因权利人不明确予以公告时所使用的文书。

2. 公告的方式，可以在农业行政处罚机关公告栏和物品所在地张贴公告，也可以在当地主要报纸或者农业行政处罚机关官方网站等刊登公告。在农业行政处罚机关公告栏和物品所在地张贴公告的，应当采取拍照、录像等方式记录张贴过程。

3. 文书第一段中“存放于________”划线处应当填写物品被采取行政强制措施时的所在地；“本机关拟对______先行处置”划线处应当填写物品的基本信息，如名称、规格、数量等。

4. 公告期间由农业行政处罚机关根据涉案物品实际情况，以及权利人知晓公告内容、提出意见所需的合理期间。一般情况下，不少于7个工作日。

5. 采取公告方式告知的，应当在案件材料中载明原因和经过，并将本文书归档。

文书格式 39

××县农业农村局
案件中止调查决定书

×农（种子）中调〔20××〕×号

×××甲公司：

你单位因涉嫌侵犯植物新品种权，本机关于20××年×月×日予以立案调查。因本案需以××乙公司涉嫌侵犯植物新品种权案的裁判结果为依据，目前该案尚未审结，根据《农业行政处罚程序规定》第四十八条第一款的规定，现决定自20××年×月×日起，对你单位中止案件调查。

联系人：王××、周×× 联系电话：××××××

联系地址：××县××路×号 邮编：××××××

××县农业农村局

20××年×月×日

《案件中止调查决定书》注意事项：

1.《案件中止调查决定书》是农业行政处罚机关依法决定中止调查案件时使用的文书。

2. 案件中止调查应当经农业行政处罚机关负责人批准，批准时使用《行政处罚有关事项审批表》，审批事项填写“案件中止调查”。

3. 应当写明案件中止调查的理由和依据，中止调查的事实理由应当符合《农业行政处罚程序规定》第四十八条的规定情形：

①行政处罚决定必须以相关案件的裁判结果或者其他行政决定为依据，而相关案件尚未审结或者其他行政决定尚未作出；

②涉及法律适用等问题，需要送请有权机关作出解释或者确认；

③因不可抗力致使案件暂时无法调查；

④因当事人下落不明致使案件暂时无法调查；

⑤其他应当中止调查的情形。

4. 因当事人下落不明导致案件中止调查的，应当使用公告送达的方式送达，或送达至当事人下落不明前的成年共同居住人。

文书格式 40

××县农业农村局
恢复案件调查决定书

×农（种子）恢调〔20××〕×号

×××甲公司：

你单位因涉嫌侵犯植物新品种权，本机关于20××年×月×日予以立案调查，并于20××年×月×日，对你单位中止案件调查。

因本案需以××乙公司涉嫌侵犯植物新品种权案的裁判结果为依据，故而中止本案调查，该案现已审结，根据《农业行政处罚程序规定》第四十八条第二款的规定，现决定自20××年×月×日起，对你单位恢复案件调查。

联系人：王××、周××　　联系电话：××××××

联系地址：××县××路×号　　邮编：××××××

××县农业农村局

20××年×月×日

《恢复案件调查决定书》注意事项：

1.《恢复案件调查决定书》是农业行政处罚机关依法决定恢复调查案件时使用的文书。

2. 恢复案件调查，应当经农业行政处罚机关负责人批准。批准时使用《行政处罚有关事项审批表》，审批事项填写“恢复案件调查”。

3. 恢复案件调查应当是案件中止调查的原因被消除。

4. 中止调查的原因消除后，应当立即恢复案件调查。

5. 本文书依照法定程序和期限送达。

文书格式 41

××县农业农村局
案件调查终结报告

关于××农资公司涉嫌经营假农药一案，现已调查终结，报告如下：

一、当事人基本情况

（略）。

二、案件来源及立案情况

（根据事实进行细致描述）。

三、调查经过

根据事实情况进行细致描述时间地点经过情况（略）。

四、主要违法事实

经调查，20××年×月×日当事人从××经销商处采购该批次“草甘膦异丙胺盐”农药15件，12瓶/件，共180瓶，采购价格为16元/瓶，销售价格为18元/瓶，至20××年×月×日已全部售完，共获销售收入3240元。其中包括执法机关抽检样品数量3瓶，并按18元/瓶支付的样品费54元。

五、主要证据

上述事实，主要有以下证据证实：

证据一：当事人营业执照、农药经营许可证、负责人身份证复印件各1份，证明当事人的经营主体资格合法有效。

证据二：农药抽样单（编号NO.××××）1份、检测报告（编号NO.××××）1份、中国农药信息网农药登记信息查询网页打印件×份、涉案产品“草甘膦异丙胺盐”照片××张、检测报告送达回证及当事人不申请复检的说明各1份，证明当事人经营的该农药为假农药。

证据三：询问笔录（朱××）1份、现场检查笔录1份、现场检查照片1份、农资管家软件内该“草甘膦异丙胺盐”商品信息、采购记录、销售记录电子数据截图打印件××份，证明当事人经营该农药的违法事实和销售金额。

以上证据获取程序合法，证据确实充分且相互印证，证明了当事人的违法事实。

六、违法依据及案件定性

当事人的上述行为，符合《农药管理条例》第五十五条第一款第二项……（条款内容略）。

七、处理意见

在调查过程中，当事人负责人朱××陈述在采购农药后查验了包装标签，履行了进货查验义务，能主动配合调查。但上述行为属于当事人应尽的法律义务，且当事人经营假农药行为已经在客观上造成了扰乱农资市场管理秩序的违法行为后果。该农药产品使用后虽未造成农业生产事故，但对农业生产和农民合法权益的潜在危害依然存在。当事人的行为不符合《规范农业行政处罚自由裁量权办法》（农业农村部公告 180 号）第十四条规定的依法从轻或减轻处罚情形。

依照《农药管理条例》第五十五条第一款第二项……（条文内容略），建议责令当事人改正违法行为，并作出如下处罚决定：

1. 没收违法所得 3240 元；

2. 罚款 30000 元。

以上罚没款合计 33240 元。

此案现已调查终结，特此报告。

案件调查人员：张××、李××

20××年×月×日

《案件调查终结报告》注意事项：

1.《案件调查终结报告》是农业行政执法人员在调查结束后，根据不同情形提出处理建议，在制作案件处理意见书前，报请农业行政处罚机关负责人审查案情的文书。

2. 对案件调查情况、存在的争议、处理意见建议等可以根据实际尽可能完整详实的作出书面报告。

3. 案件来源、调查经过及采取行政强制措施的情况，可以写明案件线索来源、核查及立案的时间，以及采取的先行登记保存、行政强制措施、现场检查、抽样取证等案件调查情况。

4. 主要违法事实是指经调查基本能够认定的当事人实施违法行为的具体事实，包括从事违法行为的时间、地点、目的、手段、情节、违法所得、危害结果、主观过错等因素。叙述要客观真实，所描述的事实必须得到相关证据的支持，内容全面、重点突出。

5. 相关证据及证明事项，要将认定案件事实所依据的证据列举清楚，所列举的证据要符合证据的基本要素，根据证据规则应当能够认定案件事实。必要时可以将证据与所证明的事实对应列明。排列证据时，应当结合证据的证明力大小、关联程度、获得证据的时间顺序、案卷的归档顺序等因素，合理排序。

6. 案件性质，应当写明对当事人的违法行为定性及相关法律、法规、规章依据的具体条款和内容。

7. 自由裁量理由等其他需要说明的事项，可以写明调查过程中的当事人陈述、申辩，对当事人陈述申辩的采纳情况。还应当说明影响行政处罚裁量的事实和理由，从违法案件的具体事实、性质、情节、社会危害程度、主观过错以及公平公正要求等方面，结合自由裁量规则进行表述。

8. 处理意见，包括建议给予行政处罚、依法不予行政处罚、可以不予行政处罚、不再给予行政处罚、移送其他行政管理部门处理、移送司法机关等。

给予行政处罚的，写明拟给予行政处罚的种类、数额、期限等具体内容及相关法律、法规、规章依据的具体条款和内容。

9. 应当由两名以上案件调查人员签名，并注明日期。

10.《案件调查终结报告》应当标注页码（第 × 页　共 × 页）。

文书格式 42

××县农业农村局
法制审核（案件审核）表

<table>
<tr><td>案件名称</td><td colspan="3">××农资公司涉嫌经营假农药案</td></tr>
<tr><td>执法机构</td><td colspan="3">××县农业综合执法大队</td></tr>
<tr><td>送审时间</td><td>20××年×月×日</td><td>退卷时间</td><td>20××年×月×日</td></tr>
<tr><td>审核内容</td><td colspan="3">☑本机关是否具有管辖权；
☑程序是否合法；
☒案件事实是否清楚，证据是否确实、充分；
☑定性是否准确；
☑适用法律依据是否正确；
☑当事人基本情况是否清楚；
☑处理意见是否适当；
☑其他：本案执法人员具有执法资格；执法文书完备、规范；当事人违法行为不涉嫌犯罪不需要移送司法机关。</td></tr>
<tr><td>审核意见和建议</td><td colspan="3">经审核，案件当事人在×月×日的询问笔录和×月×日的询问笔录，违法事实前后不一致。办案人员未查清违法事实，证据不充分，法制审核不通过，现予退卷，建议执法机构补充调查。

审核人：刘××
20××年×月×日</td></tr>
<tr><td>备　注</td><td colspan="3">/</td></tr>
</table>

《法制审核（案件审核）表》注意事项：

1.《法制审核（案件审核）表》是农业行政处罚机关的法制审核机构（人员）或者案件审核机构（人员）对农业行政执法机构提交的案件调查终结报告及其他案件材料，依法进行案件审核或者法制审核时所使用的文书。

2. 法制审核内容除《农业行政处罚程序规定》第五十条规定的情况外还应当审核执法人员是否具有执法资格；执法文书是否完备、规范；违法行为是否涉嫌犯罪、是否需要移送司法机关等事项。

3.“法制审核意见”应当明确给出是否通过法制审核的意见，如不通过法制审核应当说明理由并提出意见建议。如：补充调查证据材料、重新作出处理意见等。

4. 法制审核过程中，要注意有关的法定时限，在法定时限内作出审核意见。

5. 案件查办人员不得同时作为该案件的法制审核人员。农业行政处罚机关中初次从事法制审核的人员，应当通过国家统一法律职业资格考试取得法律职业资格。各地可以根据工作需要聘请法律顾问或公职律师参与法制审核工作，并在审核表中予以说明。

6. 案件法制审核未通过被退卷的，应当在进行补充完善或提出新的意见后重新提请法制审核，并重新制作《法制审核（案件审核）表》。

7. 适用普通程序的其他农业行政处罚案件，使用本文书进行案件审核。

文书格式 43

×× 县农业农村局
案件处理意见书

<table>
<tr><td colspan="2">案件名称</td><td colspan="4">××农资公司涉嫌经营假农药案</td></tr>
<tr><td rowspan="3">当事人</td><td rowspan="3">单位</td><td>名称</td><td>××农资公司</td><td>统一社会信用代码</td><td>×××××××××××</td></tr>
<tr><td>负责人</td><td>朱××</td><td>联系电话</td><td>×××××××××</td></tr>
<tr><td>住所</td><td colspan="3">××县××镇××路××号</td></tr>
<tr><td colspan="2">案件调查过程</td><td colspan="4">20××年×月×日，本机关对当事人经营的农药“草甘膦异丙铵盐”（产品包装标签上标注：“农药名称：草甘膦异丙胺盐、有效成分含量：草甘膦30%、草甘膦异丙胺盐含量：41%、农药登记证号：PD2014××××、剂型：水剂、净含量：1000g/瓶、生产日期：20××××××”、生产厂家：××药业有限公司 ）进行抽样。20××年×月×日，本机关收到检测报告：经××××检测技术研究有限公司检测（检测报告编号NO.××××）：该农药样品中铵离子检出实值为5.1，异丙胺离子未检测出，异丙胺离子分数不符合GB/T20684-2017国家标准要求，样品判定为不合格。按照《农药管理条例》第四十四条第一款第二项“有下列情形之一的，认定为假农药：（二）以此种农药冒充他种农药”之规定，认定该批次“草甘膦异丙铵盐”农药产品为假农药。20××年×月×日，经本机关负责人依法批准立案调查。
20××年×月×日，本机关向当事人送达了《××县农业农村局检测结果告知书》[×农（农药）检告〔20××〕×号]（附检测报告）。告知当事人检测结果和当事人享有申请复检的权利和时限，当事人明确表示不申请复检并签字确认。执法人员对当事人农药经营场所和仓库进行现场检查，未发现涉案农药产品。执法人员对当事人负责人朱××进行了询问。当事人负责人朱××对执法人员抽样时拍摄的该“草甘膦异丙铵盐”农药产品照片进行了确认。执法人员查阅当事人计算机上用于记录农药采购、销售记录和库存信息的“农资管家”软件，对“农资管家”软件中该“草甘膦异丙铵盐”农药产品的商品信息、采购记录、销售记录等证据进行截图取证。对当事人的营业执照、农药经营许可证、当事人负责人朱××的身份证进行了取证。同日，执法人员根据当事人销售台账记录的购买人信息，随机调查走访了购买并使用该产品的农户5名，确认采购情况属实，并对农户的产品使用情况进行调查并登记。受访农户均表示该农药效果达到预期，未产生其他危害。</td></tr>
</table>

涉嫌违法事实及证据材料	经调查：20×× 年 × 月 × 日，当事人从 ×× 市 ×× 农资店采购该批次“草甘膦异丙胺盐”农药产品 15 件，12 瓶 / 件，共 180 瓶，采购价格为 16 元 / 瓶，销售价格为 18 元 / 瓶，至 20×× 年 × 月 × 日已全部售完，共获销售收入 3240 元。其中包括执法机关抽检样品数量 3 瓶，并按 18 元 / 瓶支付的样品费 54 元。上述事实，主要有以下证据证实： 1. 当事人营业执照、农药经营许可证、负责人身份证复印件各 1 份； 2. 农药抽样单（编号鄂 ××××）1 份； 3. 检测报告（编号 NO.××××）1 份； 4. 中国农药信息网农药登记信息查询网页打印件 ×× 份； 5. 涉案产品“草甘膦异丙胺盐”照片 ×× 张； 6. 检测报告送达回证及当事人不申请复检的说明各 1 份； 7. 询问笔录（朱 ××）1 份； 8. 现场检查笔录 1 份； 9. 现场检查照片 1 份； 10. 农资管家软件内该“草甘膦异丙胺盐”商品信息、采购记录、销售记录电子数据截图打印件 ×× 份。
调查结论及处理意见	经调查，当事人经营假农药的行为符合《农药管理条例》第五十五条第一款第二项规定的情形，依法应当给予行政处罚。 依照《农药管理条例》第五十五条第一款第二项“农药经营者有下列行为之一的，由县级以上地方人民政府农业主管部门责令停止经营，没收违法所得、违法经营的农药和用于违法经营的工具、设备等，违法经营的农药货值金额不足 1 万元的，并处 5000 元以上 5 万元以下罚款，货值金额 1 万元以上的，并处货值金额 5 倍以上 10 倍以下罚款；构成犯罪的，依法追究刑事责任：（二）经营假农药”和《湖北省农业行政处罚自由裁量权指导基准（试行）》第 20 项第一款“经营假农药的，违法经营的产品货值金额 5000 元以下的，处 5000 元以上 3 万元以下罚款”之规定，建议责令当事人改正违法行为，并作出如下处罚决定： 1. 没收违法所得 3240 元； 2. 罚款 30000 元。 上述罚没款共计 33240 元。 执法人员：张 ××、李 ×× 20×× 年 × 月 × 日
执法机构意见	同意处理意见。 执法机构负责人：周 ×× 20×× 年 × 月 × 日
法制机构意见	案件事实清楚，证据确实充分，适用法律正确，同意处理意见。 审核人员：刘 ×× 20×× 年 × 月 × 日
农业行政处罚机关意见	同意上述意见。 农业行政处罚机关负责人：郭 ×× 20×× 年 × 月 × 日

《案件处理意见书》注意事项：

1.《案件处理意见书》是案件调查结束后，农业行政执法人员就案件调查经过、证据材料、调查结论及处理意见报请农业行政处罚机关负责人审批时使用的文书。

2.“案件名称”按照“当事人姓名（名称）+涉嫌+违法行为性质+案”的方式表述。注意“涉嫌”不要遗漏。

3. 单位和个人可以根据实际情况进行删减。

4.“案件调查过程”需要写明案件线索来源、核查及立案的时间以及采取的证据先行登记保存、行政强制措施、现场检查、抽样取证等案件调查情况，如制作有案件调查终结报告，内容可适当简化。

5.“涉嫌违法事实及证据材料”需要对案件性质、事实、违法情况进行总结概括并详细列举所取得的证据。

6.“调查结论及处理意见”应当写明对当事人的违法行为定性及相关法律、法规、规章依据的具体条款和内容。处理意见，包括建议给予行政处罚、依法不予行政处罚、可以不予行政处罚、不再给予行政处罚、移送其他行政管理部门处理、移送司法机关等。

给予行政处罚的，写明拟给予行政处罚的种类、数额、期限等具体内容及相关法律、法规、规章依据的具体条款和内容。

依法不予行政处罚、可以不予行政处罚、不再给予行政处罚的写明不予行政处罚理由和依据。

7.“执法机构意见”栏由执法机构负责人填写。

8.“法制审核（案件审核）意见”栏由法制审核（案件审核）机构或者人员根据审核情况简要填写审核结论，报审时应当将《法制审核（案件审核）表》附本表后。

9.“农业行政处罚机关意见”栏由农业行政处罚机关负责人根据《农业行政处罚程序规定》规定的情形填写。

文书格式 44

×× 县农业农村局
行政处罚事先告知书

× 农（动防）罚告〔20××〕× 号

×× 宠物用品商店：

经调查，你涉嫌未取得动物诊疗许可证从事动物诊疗一案，本机关已调查终结。

根据《中华人民共和国行政处罚法》第四十四条、《农业行政处罚程序规定》第二十三条的规定，现将本机关对你拟作出行政处罚的内容及事实、理由、依据告知如下：

对违法事实的描述（略）。

你涉嫌违反了《中华人民共和国动物防疫法》第六十二条……（略）。

依据《中华人民共和国动物防疫法》第一百零五条第一款……（略）。

1. 没收违法所得 590 元；

2. 罚款 5000 元。

上述罚没款共计 5590 元。

根据《中华人民共和国行政处罚法》第四十四条、第四十五条，以及《农业行政处罚程序规定》第二十三条的规定，你可在收到本告知书之日起 3 个工作日内向本机关进行陈述、申辩。无正当理由逾期提出陈述、申辩的，视为放弃上述权利。

联系人：张 ××、李 ××　　联系电话：××××××

联系地址：×× 县 ×× 路 × 号　　邮编：××××××

×× 县农业农村局

20×× 年 × 月 × 日

《行政处罚事先告知书》（适用非听证案件）注意事项：

1.《行政处罚事先告知书》（适用非听证案件）是农业行政处罚机关在适用非听证程序作出行政处罚决定前，依法告知当事人拟作出行政处罚决定的事实、理由、依据、处罚内容和当事人所享有的陈述权、申辩权时使用的文书。

2.《行政处罚事先告知书》应当写明当事人的违法事实及证据、违反的法律条款、拟作出行政处罚的种类、幅度及法律依据，并告知当事人享有的陈述和申辩的权利及法定期限，并注明联系人、电话和执法机关地址等。

3. 对案情部分可进行简要叙述，对违法事实的描述应当完整、明确、客观，不得使用结论性语言。

4. 对当事人违反的法律法规和处罚依据需要进行详细告知，要列举法律原文，并具体到条款项目。

5. 执法机关应当根据案件是否符合听证条件，决定适用非听证案件或听证案件文书。

6.《行政处罚事先告知书》应当标注页码（第 × 页　共 × 页）。

文书格式 45

××县农业农村局
行政处罚事先告知书

×农（农药）罚告听〔20××〕×号

××农资公司：

经调查，你单位涉嫌经营假农药一案，本机关已经调查终结。依据《中华人民共和国行政处罚法》第四十四条、《农业行政处罚程序规定》第二十三条的规定，现将本机关对你单位拟作出行政处罚的内容及事实、理由、依据告知如下：

你单位经营的“草甘膦异丙胺盐”（产品包装标签上标注：“农药名称：草甘膦异丙胺盐、有效成分含量：草甘膦30%、草甘膦异丙胺盐含量：41%、农药登记证号：PD2014××××、剂型：水剂、净含量：1000g/瓶、生产日期：20××××××、生产厂家：××药业有限公司”），经××检测技术研究有限公司检测（检测报告编号NO.×××××）：该农药样品中铵离子检出实值为5.1%，异丙胺离子未检测出，异丙胺离子分数不符合GB/T20684-2017要求，样品判定为不合格。按照《农药管理条例》第四十四条第一款第二项“有下列情形之一的，认定为假农药：（二）以此种农药冒充他种农药”之规定，认定该批次“草甘膦异丙铵盐”农药为假农药。

你单位经营的上述农药共15件，12瓶/件，共180瓶，采购价格为16元/瓶，销售价格为18元/瓶，至20××年×月×日已全部售完，共获销售收入3240元。其中包括执法机关抽检样品数量3瓶，并按18元/瓶支付的样品费54元。并有营业执照、农药经营许可证、负责人身份证复印件、农药抽样单、检测报告、中国农药信息网农药登记信息查询网页打印件、涉案产品“草甘膦异丙胺盐”照片、《××县农业农村局检测结果告知书》及不申请复检的说明、询问笔录、现场检查笔录、现场检查照片、农资管家软件内该“草甘膦异丙胺盐”商品信息、采购记录、销售记录电子数据截图等证据在卷佐证。

你单位的上述行为，符合《农药管理条例》第五十五条第一款第二项“农药经营者有下列行为之一的，由县级以上地方人民政府农业主管部门责令停止经营，没收违法所得、违法经营的农药和用于违法经营的工具、设备等，违法经营的农药货值金额不足 1 万元的，并处 5000 元以上 5 万元以下罚款，货值金额 1 万元以上的，并处货值金额 5 倍以上 10 倍以下罚款；构成犯罪的，依法追究刑事责任：（二）经营假农药”规定的情形，依法应当给予行政处罚。

依据《农药管理条例》第五十五条第一款第二项“农药经营者有下列行为之一的，由县级以上地方人民政府农业主管部门责令停止经营，没收违法所得、违法经营的农药和用于违法经营的工具、设备等，违法经营的农药货值金额不足 1 万元的，并处 5000 元以上 5 万元以下罚款，货值金额 1 万元以上的，并处货值金额 5 倍以上 10 倍以下罚款；构成犯罪的，依法追究刑事责任：（二）经营假农药”和《湖北省农业行政处罚自由裁量权指导基准〈农药管理条例〉》序号 20“经营假农药的，违法经营的产品货值金额 3000 元以上不足 6000 元的，并处 2 万元以上 3.5 万元以下罚款”之规定。本机关责令你单位停止经营假农药的违法行为，并拟作出如下处罚决定：

1. 没收违法所得 3240 元；

2. 罚款 30000 元。

上述罚没款合计 33240 元。

根据《中华人民共和国行政处罚法》第四十四条、第四十五条、第六十三条、第六十四条第一项，以及《农业行政处罚程序规定》第二十三条、第五十九条的规定，你单位有权自收到本告知书之日起 3 个工作日内进行陈述、申辩，并可自收到告知书之日起 5 个工作日内申请听证。无正当理由逾期提出陈述、申辩或者要求听证的，视为放弃上述权利。

联系人：张 ××、李 ××　　　　联系电话：×××××××

联系地址：×× 县 ×× 路 × 号　　　　邮编：××××××

×× 县农业农村局

20×× 年 × 月 × 日

《行政处罚事先告知书》（适用听证案件）注意事项：

1.《行政处罚事先告知书（适用听证案件）》是农业行政处罚机关在作出较大数额罚款、没收较大数额违法所得、没收较大价值非法财物、降低资质等级、责令停产停业、吊销许可证件、责令关闭、限制从业等较重的行政处罚决定前，依法告知当事人拟作出行政处罚决定的事实、理由、依据及处罚内容和当事人所享有的陈述权、申辩权、听证权时使用的文书。

2.《行政处罚事先告知书（适用听证案件）》应当写明当事人的违法事实及证据、违反的法律条款、拟作出行政处罚的种类、幅度及法律依据，并告知当事人享有的陈述、申辩的权利、要求举行听证的权利及法定期限，并注明联系人、电话和执法机关地址等。

3. 对案情部分可进行简要叙述，对违法事实的描述应当完整、明确、客观，不得使用结论性语言。

4. 对当事人违反的法律法规和处罚依据需要进行详细告知，要列举法律原文，并具体到条款项目。

5.《湖北省行政处罚听证规则》第二条：本条前款所称“较大数额罚款”的具体标准为：对非经营活动中的违法行为处以1000元以上的罚款；对经营活动中的违法行为，有非法所得的处以30000元以上、没有违法所得处以10000元以上的罚款。国务院部门经国务院批准规定了具体标准的，从其规定。

6.《行政处罚事先告知书》应当标注页码（第 × 页　共 × 页）。

文书格式 46

×× 县农业农村局
陈述申辩笔录

案件名称：×× 县 ×× 种植专业合作社涉嫌未建立农产品生产记录案

陈述申辩人：丁 ××（公民身份号码 ××××××××××），
×× 县 ×× 种植专业合作社法定代表人

时　　间：20×× 年 × 月 × 日 × 时 × 分至 × 时 × 分

地　　点：×× 县农业综合执法大队 303 办公室

执法机关：×× 市农业农村局

执法人员：张 ××　　　记 录 人：王 ××

陈述申辩请求：请求贵局给予减轻处罚。

陈述申辩内容：我叫丁 ××，是 ×× 县 ×× 种植专业合作社的法定代表人，我收到贵局送达的行政处罚事先告知书之后，今天来口头陈述申辩。

1. 我们合作社没有经过相关的培训，不知道如何记录。

2. 贵局下达《责令改正通知书》之后，我们收到 ×× 县农安办发的空白农产品生产记录本后，因为工作忙，还是没有时间记。

3. 香菇生产具有周期性。有时候有产出，有时候没有产出，没有产出的时候，我们就没有记。有产出的时候，我们根据市场行情来进行销售，有时候产出的产品会放在冻库里进行周转。

4. 对任何国家机关的检查，我们都积极配合，对于违法情况我们都认错认罚，请求贵局给予减轻处罚。

以上笔录记载情况，已向陈述申辩人宣读。

当事人对笔录的审阅确认意见（手写）：以上笔录已核对，和我所讲的一致。

丁 ××　　20×× 年 × 月 × 日

陈述申辩人：丁 ××　　20×× 年 × 月 × 日

执法人员：张 ××、陈 ××　　20×× 年 × 月 × 日

记 录 人：王 ××　　20×× 年 × 月 × 日

《陈述申辩笔录》注意事项：

1.《陈述申辩笔录》是记录当事人口头提出陈述、申辩意见时使用的文书。

2. 当事人书面提交陈述、申辩意见的，不使用本文书。

3. 陈述申辩内容应当写明当事人陈述、申辩的具体请求和依据的事实、理由。

4.《陈述申辩笔录》应当当场交当事人核对或者向当事人宣读，并由其逐页签名、盖章或者按指印。笔录需要更正或者补充的，当事人应当在更正或者补充部分单独签名、盖章或者按指印。

5. 对当事人陈述申辩的内容可以进行概括后记载，避免内容重复冗杂。

6. 当事人在法定期限内多次陈述申辩的，应当对每次陈述申辩的情况分别进行记载，并对不一致的内容进行询问。

7. 当事人委托代理人进行陈述申辩的，在笔录上可以对委托代理人的相关情况进行询问，并要求其提供相关委托材料。

8. 当事人通过电话或者其他方式进行口头陈述申辩的，应当在记录中注明。

9.《陈述申辩笔录》应当标注页码（第 × 页　共 × 页）。

文书格式 47

×× 市农业农村局
行政处罚听证会通知书

× 农（农药）听通〔20××〕× 号

×× 县 ×× 农资店：

根据你的申请，本机关决定于 20×× 年 × 月 × 日 × 时 × 分在 ×× 县农业农村局听证室（×× 县 ×× 路 × 号 × 楼 × 室）对你涉嫌经营假农药一案，公开举行听证，请准时出席。如无正当理由不到场听证的，本机关将依法终止听证。

本次听证会由 ×× 县农业农村局法规股股长尤 × 担任听证主持人，×× 县农业农村局农安股股长费 ×× 担任听证员，×× 县农业农村局农安股工作人员王 ×× 担任听证记录员，/ 担任翻译人员。依据《中华人民共和国行政处罚法》第六十四条第四项，《农业行政处罚程序规定》第五条的规定，如认为上述人员与案件有直接利害关系或者有其他关系可能影响公正执法的，你有申请回避的权利。你申请回避的，应当在收到本通知书之日起 3 个工作日内提出。

如果委托代理人（1 至 2 人）代为参加听证，请提交由委托人签名或者盖章的授权委托书，委托书应当载明委托事项及权限。委托代理人代为放弃行使陈述权、申辩权和质证权的，必须有委托人的明确授权。

请参加人员携带有效身份证件原件，委托代理人员还应当携带授权委托书。

联系人：郭 ××　　　　联系电话：××××××

联系地址：×× 县 ×× 路 × 号　　　　邮编：××××××

×× 市农业农村局（印章：×× 市农业农村局）

20×× 年 × 月 × 日

《行政处罚听证会通知书》注意事项

1.《行政处罚听证会通知书》是农业行政处罚机关举行听证会前依法通知当事人举行听证的时间、地点、相关人员姓名以及其他相关事项时使用的文书。

2. 当事人申请听证的，农业行政处罚机关应当受理。当事人申请听证超过期限或者不符合听证条件的，农业行政处罚机关应当在收到当事人申请之日起3日内书面告知当事人不予听证。

3. 农业行政处罚机关决定予以听证的，听证主持人应当在收到当事人听证申请之日起两日内确定举行听证的时间、地点和方式，并在举行听证的7日前，将听证通知书送达当事人及有关人员，由当事人及有关人员在《送达回证》上签字。

4. 除涉及国家秘密、商业秘密或者个人隐私依法予以保密外，听证应公开举行。

5. 听证由农业行政处罚机关负责人指定本机关法制机构工作人员等非本案调查人员主持。

6. 听证主持人是否回避，由农业行政处罚机关负责人决定；听证员、书记员是否回避，由听证主持人决定。

7. 本文书一式两份，一份送达听证申请人，一份附卷归档，并与《送达回证》配套使用。

8. “你（单位）”要正确选择，当事人为个人或个体工商户时应为“你”，当事人为单位时应为“你单位”。

文书格式 48

×× 县农业农村局
听证笔录

案件名称：×× 县 ×× 农资店涉嫌经营假农药案

时间：20×× 年 × 月 × 日 × 时 × 分至 × 时 × 分

地点：×× 县农业农村局听证室（×× 县 ×× 路 ×× 号 ×× 楼 ×× 室）

听证主持人：尤 ×[听证员：费 ××]

记录员：王 ××[翻译人员：/]

办案人员：胡 ××　　办案人员：夏 ××

当事人：×× 县 ×× 农资店（朱 ××）[委托代理人：/]

[第三人：/ 委托代理人：/ 其他参加人：/]

记录员：经查，听证参加人办案人员胡 ××、夏 ×× 和当事人负责人朱 ×× 已到场，现在宣布听证纪律：

（一）服从听证主持人的指挥，未经听证主持人允许不得发言、提问；（二）未经听证主持人允许不得录音、录像和摄影；（三）听证参加人未经听证主持人允许不得退场；（四）不得大声喧哗，不得鼓掌、哄闹或者进行其他妨碍听证秩序的活动。报告听证主持人，听证准备就绪。

听证主持人：现在核对听证参加人。

当事人：我是 ×× 县 ×× 农资店负责人朱 ××。这是我的身份证（公民身份号码：××××××××××××××××××）

办案人员：我是本案的执法人员胡 ××，这是我的行政执法证（执法证件号：×××××××××）。我是本案的执法人员夏 ××，这是我的行政执法证（执法证件号：×××××××××）。

当事人签名（盖章或按指印）：朱 ××　　20×× 年 × 月 × 日

委托代理人签名（盖章或按指印）：/　　年　月　日

其他听证参加人签名（盖章或按指印）：/　　年　月　日

听证主持人：已核对当事人和办案人员的身份。现在宣布听证会开始进行。

本机关于20××年×月×日依法向当事人送达了《行政处罚听证通知书》（×农（农药）听通〔20××〕×号）。经当事人申请举行××县××农资店涉嫌经营假农药一案听证会。本次听证主持人尤×，听证员费××，记录员王××。

现告知听证参加人在听证中的权利义务。

当事人享有以下权利：1. 有权放弃听证；2. 有权申请听证主持人、听证员、记录员、翻译人员回避；3. 有权当场提出证明自己主张的证据；4. 有权进行陈述和申辩；5. 经听证主持人允许，可以对相关证据进行质证；6. 经听证主持人允许，可以向到场的证人、鉴定人、勘验人发问；7. 有权对听证笔录进行审核，认为无误后签名或者盖章。

听证参加人承担以下义务：1. 遵守听证纪律；2. 在审核无误的听证笔录上签名或者盖章。

当事人是否申请听证主持人、记录员、听证员回避？

当事人：不用申请回避。

听证主持人：现在请办案人员提出当事人违法的事实、证据、行政处罚建议及依据。

办案人员：一、案件来源。二、违法行为认定：1. 涉案产品检测情况；2. 产品确认情况；3. 违法行为认定依据。三、违法产品进销存等违法事实情况。四、行政处罚建议及依据。

听证主持人：现在请当事人进行陈述和申辩。

当事人：一是提供给农户的试验品与案件调查人员核实的数量不一致；二是案件发生后，我们也积极采取措施，对产品进行了召回，同时我们作为经营单位，没有检验设备，无法进行检验。希望以事实为依据。

听证主持人：现在开始质证。根据《农业行政处罚程序规定》第六十六条规定，当事人对案件的证据进行质证，可以当场向听证会提交新的证据，也可以在听证会后3日内向听证机关补交证据。请问现在是否有新的证据提交？

当事人：今天没有带过来。

听证主持人：请办案人员出示相关证据，并说明证明目的。

（依次进行出示相关证据，并说明证明目的）

当事人签名（盖章或按指印）：朱×× 20××年×月×日

委托代理人签名（盖章或按指印）：/ 年 月 日

其他听证参加人签名（盖章或按指印）：/ 年 月 日

听证主持人：现在请当事人发表质证意见。

（依次发表其他质证意见）

听证主持人：现在开始辩论。请办案人员发表辩论意见。

（发表意见）

听证主持人：请当事人发表辩论意见。

（依次进行其他质证意见辩论）

听证主持人：请办案人员陈述最后意见。

胡××：本案主要证据收集完整，适用法律适当。当事人所经营的农药产品经有资质检测机构检验，未检测出××成分，当事人以此种农药冒充他种农药，认定该农药产品为假农药，属于以此种农药冒充他种农药的情形，认定该农药产品为假农药，违法行为定性准确。案件调查人员案件办理过程中程序合法，货值金额、违法所得认定依法依规。在综合考虑当事人违法行为事实、性质、情节、社会危害程度等因素后给予处罚。综上所述，认为本案事实清楚，证据确实、充分，定性准确，适用法律依据正确，处罚幅度适当。当事人提起的不予处罚或处罚过重等事项缺乏事实与法律依据。

听证主持人：请当事人陈述最后意见。

当事人：我们不是检验机构，没有能力进行检验，也是当事受害者。我们收到检验报告后，积极采取补救措施，对产品进行召回。我对案件中认定的试验用药不应算成销售行为坚持个人观点。我们应该以事实为依据。

听证主持人：现在宣布听证结束。请听证参加人核对听证笔录，确认无误后请签名、盖章或按指印。如有更正或补充请在更正或补充之处单独签名、盖章或者按指印确认。

听证主持人：龙××　　　　听证员：费××

记录员：王××　　　　办案人员：胡××、夏××

当事人签名（盖章或按指印）：朱××　　　　20××年×月×日

委托代理人签名（盖章或按指印）：/　　　　年　月　日

其他听证参加人签名（盖章或按指印）：/　　　　年　月　日

《听证笔录》注意事项：

1.《听证笔录》是农业行政处罚机关根据当事人的申请，就行政处罚案件举行听证，由书记员对听证会全过程进行记录时使用的文书。

2. 当事人在听证中应依法行使权利和履行义务。

3. 听证程序应严格按照流程进行。

4. 根据听证参加人员情况，选择记载相应听证员、翻译人员、委托代理人、第三人、其他参加人等内容。

5.《听证笔录》应当如实记录案件调查人员提出的当事人的违法事实、证据、拟作出行政处罚的内容及法律依据，当事人及其委托代理人的陈述和申辩、证人证言、各方质证、辩论情况及最后意见。

6.《听证笔录》应当经听证参加人核对无误后，由其在笔录上逐页签名、盖章或者按指印，证人应当在记录其证言之页签名、盖章或者按指印。当事人或者其委托代理人、证人拒绝签名、盖章或者按指印的，听证主持人应当在听证笔录中注明原因。笔录需要更正或者补充的，要求更正的人员应当在更正或者补充部分单独签名、盖章或者按指印。

7.《听证笔录》应当标注页码（第 × 页　共 × 页）。

文书格式 49

××县农业农村局
行政处罚听证会报告书

案件名称：××县××农资店涉嫌经营假农药案

执法人员：胡×× 执法证件号：×××××××××

执法人员：夏×× 执法证件号：×××××××××

主持听证机关：××县农业农村局

听证主持人：尤 × 听证员：费××

听证记录员：王××

听证时间：20××年×月×日×时×分至×时×分

听证地点：××县农业农村局听证室（××县××路××号××楼××室）

申请人：××县××农资店（朱××） 委托代理人：/

其他参加人：/

听证会基本情况：（略）。

双方意见、理由及依据：（略）

处理意见及建议：根据各方的陈述和辩论，结合相关法律法规规定，听证主持人认为：

（略）。

综上所述，本案违法事实清楚，证据确实充分，定性准确。当事人听证会上提出理由、事实及依据不成立，建议维持《行政处罚事先告知书》[×农（农药）罚告听〔20××〕×号]的拟处理意见。听证员全程参与听证，事后阅读了《听证记录》和此报告，认为记录和报告内容属实，支持听证主持人意见。

特此报告。

听证主持人签名：尤× 20××年×月×日

听证员签名：费×× 20××年×月×日

《行政处罚听证会报告书》注意事项:

1.《行政处罚听证会报告书》是农业行政处罚机关在行政处罚案件听证会结束后，听证主持人向农业行政处罚机关负责人报告听证会情况和处理意见建议时使用的文书。

2. 听证主持人向农业行政处罚机关负责人提交报告书时，应当附《听证笔录》。

3. 文书制作要求内容完整，重点突出，应当包括以下内容:(1) 听证案件名称;(2) 听证人员、听证参加人;(3) 听证的时间、地点;(4) 听证的基本情况;(5) 处理意见及建议;(6) 需要报告的其他事项。

4. 处理意见及建议，按照事先告知当事人的拟作出的行政处罚决定，根据实际情况，可以提出同意、改变、撤销拟作出的行政处罚决定的建议，也可以提出重新进行研究、提交农业行政处罚机关负责人集体讨论决定等建议。

5. 当事人提出的事实、理由或者证据成立的，听证主持人应当予以采纳，不得因当事人要求听证而给予更重的行政处罚建议。

6.《行政处罚听证会报告书》应当标注页码（第 × 页　共 × 页）。

文书格式 50

×× 县农业农村局
行政处罚案件集体讨论记录

案件名称：×× 农资公司涉嫌经营假农药案

讨论时间：20×× 年 × 月 × 日 8 时 30 分至 9 时 38 分

讨论地点：×× 市农业农村局会议室

主 持 人：周 ×× 局党组成员、副局长

出席人员：郭 ×× 局党组书记、局长

周 ×× 局党组成员、副局长

吕 ×× 局党组成员、副局长

赵 ×× 局总农艺师、副局长

刘 ×× 局党组成员、局总农艺师

列席人员：王 ×× 局法规科科长

田 ×× 县农业综合执法大队大队长

白 ×× 县农业综合执法大队执法人员

唐 ×× 县农业综合执法大队执法人员

记 录 人：张 ×× 局法规科工作人员

讨论记录：

主持人：×× 农资公司涉嫌经营假农药一案，现已调查终结，根据《农业行政处罚程序规定》第五十五条规定，该案属于有重大违法行为需要给予较重行政处罚的案件，现召集有关人员进行集体讨论。首先由案件承办人汇报案件基本情况。

田 ××：20×× 年 × 月 × 日，本机关对当事人经营的农药“草甘膦异丙铵盐”（产品包装标签上标注：“农药名称：草甘膦异丙胺盐、有效成分含量：草甘膦 30%、草甘膦异丙胺盐含量：41%、农药登记证号：PD2014×××× 剂型：水剂、净含量：1000g/ 瓶、生产日期：20××××××”、生产厂家：×× 药业有限公司）进行抽样。20×× 年 × 月

× 日，本机关收到检测报告：经 ×××× 检测技术研究有限公司检测（检验报告编号20××××××）：该农药样品中铵离子检出实值为 5.1%，异丙胺离子未检测出，异丙胺离子分数不符合 GB/T20684—2017 要求，样品判定为不合格。按照《农药管理条例》第四十四条第一款第二项“有下列情形之一的，认定为假农药：（二）以此种农药冒充他种农药”之规定，认定该批次“草甘膦异丙铵盐”农药产品为假农药。

20×× 年 × 月 × 日，经本机关负责人依法批准立案调查。

20×× 年 × 月 × 日，本机关执法人员向当事人送达了《×× 县农业农村局检测结果告知书》[× 农（农药）检告〔20××〕× 号]（附检测报告）。告知当事人检测结果和当事人享有申请复检的权利和时限，当事人明确表示不申请复检并签字确认。执法人员对当事人农药经营场所和仓库进行现场检查，未发现涉案农药。执法人员对当事人负责人朱 ×× 进行了询问。当事人负责人朱 ×× 对执法人员抽样时拍摄的该“草甘膦异丙铵盐”农药产品照片进行了确认。执法人员查阅当事人计算机上用于记录农药采购、销售记录和库存信息的“农资管家”软件，对“农资管家”软件中该“草甘膦异丙铵盐”农药产品的商品信息、采购记录、销售记录等证据进行取证。对当事人的营业执照、农药经营许可证、当事人负责人朱 ×× 的身份证进行了取证。同日，执法人员根据当事人销售台账记录的购买人信息，随机调查走访了购买并使用该产品的农户 5 名，对农户的产品使用情况进行调查并登记。受访农户均表示该农药效果达到预期，未产生其他危害。

经查证：20×× 年 × 月 × 日，当事人从 ×× 市 ×× 农资店采购该批次“草甘膦异丙胺盐”农药产品 15 件，12 瓶 / 件，共 180 瓶，采购价格为 16 元 / 瓶，销售价格为 18 元 / 瓶，至 20×× 年 × 月 × 日已全部售完，共获销售收入 3240 元。其中包括执法机关抽检样品数量 3 瓶，并按 18 元 / 瓶支付的样品费 54 元。

上述事实，主要有以下证据证实：

1. 当事人营业执照、农药经营许可证、负责人身份证复印件各 1 份；
2. 农药抽样单（编号：鄂 ××××）1 份；
3. 检验报告（编号：NO. ×××××××）1 份；
4. 中国农药信息网农药登记信息查询网页打印件 ×× 份；
5. 涉案产品“草甘膦异丙胺盐”照片 ×× 张；
6. 《送达回证》（检测结果告知书）及当事人不申请复检的说明各 1 份；
7. 询问笔录（朱 ××）1 份；
8. 现场检查笔录 1 份；
9. 现场检查照片 1 份；

10. 农资管家软件内该“草甘膦异丙胺盐”商品信息、采购记录、销售记录电子数据截图打印件 × 份。

当事人营业执照、农药经营许可证、负责人身份证复印件等证据，证明当事人的经营主体资格合法有效；农药抽样单、检测报告、中国农药信息网农药登记信息查询网页、涉案产品照片等证据，证明当事人经营的该产品为假农药；询问笔录、现场检查笔录、现场检查照片、农资管家软件内商品信息、采购记录、销售记录电子数据截图等证据，证明当事人该农药产品的违法事实和销售金额。

当事人经营假农药“草甘膦异丙胺盐”的行为，符合《农药管理条例》第五十五条第一款第二项“农药经营者有下列行为之一的，由县级以上地方人民政府农业主管部门责令停止经营，没收违法所得、违法经营的农药和用于违法经营的工具、设备等，违法经营的农药货值金额不足 1 万元的，并处 5000 元以上 5 万元以下罚款，货值金额 1 万元以上的，并处货值金额 5 倍以上 10 倍以下罚款；构成犯罪的，依法追究刑事责任：（二）经营假农药”规定的情形，依法应当给予行政处罚。

在调查过程中，当事人负责人朱 ×× 陈述在采购农药后查验了包装标签，履行了进货查验义务，主动配合调查。但上述行为属于当事人应尽的法律义务，且当事人经营假农药行为已经在客观上造成了扰乱农资市场管理秩序的违法行为后果。经调查，该农药产品使用后虽未造成农业生产事故，但对农业生产和农民合法权益的潜在危害依然存在。当事人的行为不符合《规范农业行政处罚自由裁量权办法》（农业农村部公告 180 号）第十四条规定的依法从轻或减轻处罚情形。

依照《农药管理条例》第五十五条第一款第二项和《湖北省农业行政处罚自由裁量权指导基准〈农药管理条例〉》序号 20“经营假农药的，违法经营的产品货值金额 3000 元以上不足 6000 元的，并处 2 万元以上 3.5 万元以下罚款”之规定，责令当事人改正违法行为，并拟作出如下处罚决定：

1. 没收违法所得 3240 元；

2. 罚款 30000 元。

上述罚没款合计 33240 元。

主持人：请唐 ×× 汇报陈述申辩、听证情况。

唐 ××：本机关于 20×× 年 × 月 × 日依法直接向当事人送达了《×× 县农业农村局行政处罚事先告知书》[× 农（农药）罚告听〔20××〕× 号]，告知了拟对当事人作出行政处罚的事实、理由、依据以及当事人依法享陈述申辩和申请听证的权利和时限。当事人负责人朱 ×× 当场签收，并表示放弃陈述申辩，也不申请听证。且当事人在规定时间内也未向本机关陈述申辩和申请听证，视为放弃陈述申辩和申请听证的权利。

主持人：请王 ×× 汇报法制审核意见。

王 ××：本案属于《农业行政处罚程序规定》第五十条规定的需要法制审核的情形。20×× 年 × 月 × 日，×× 县农业综合执法大队向局法科股书面提请法制审核。20×× 年 × 月 × 日，经法制审核人员王 ×× 审核：该案属于本机管辖，当事人基本情况清楚，案件办理程序合法，案件事实清楚，证据确实、充分，定性准确，适用法律依据正确，自由裁量适用适当，处理意见适当，且本案执法人员具有执法资格；执法文书完备、规范；当事人违法行为不涉嫌犯罪不需要移送司法机关。法制审核通过，同意办案机构的意见。

主持人：请就本案发表意见。

吕 ××：当事人的违法行为虽无主观故意，但确实销售了假农药，并有违法所得。从警示经营主体自觉规范农药经营行为方面考虑，罚款 30000 元适当，我同意办案机构的处理意见。

周 ××：当事人能够积极配合调查，如实供述违法事实，且

未造成恶劣影响。我认为罚款 30000 元太重，可以适当少一些。

赵 ××：当事人经营假农药的行为，事实清楚，证据确实充分，且罚款 30000 元，符合《湖北省农业行政处罚自由裁量权指导基准》，自由裁量适用适当。我同意给予没收违法所得 3240 元，罚款 30000 元的处罚。

刘 ××：同意赵 ×× 的意见。还是要支持当事人继续从事正常的经营活动，建议不没收当事人经营的工具、设备。

郭 ××：本案经过讨论，我认为违法事实清楚，证据确凿，适用法律正确，同意没收违法所得 3240 元，罚款 30000 元 。

主持人：综合各位出席人员的意见，当事人经营假农药行为事实清楚、证据确凿，没有依法从轻或减轻处罚情形，同意责令当事人改正违法行为，并没收违法所得 3240 元，罚款 30000 元。

本案讨论就此结束，请大家阅读后签名。

处理意见：对当事人涉嫌经营假农药的违法行为，责令当事人改正违法行为，并作出如下处罚决定：1. 没收违法所得 3240 元；2. 罚款 30000 元。

出席人员签名：郭 ×× 周 ×× 吕 ×× 赵 ×× 刘 ××

王 ×× 田 ×× 白 ×× 唐 ×× 张 ××

《行政处罚案件集体讨论记录》注意事项：

1.《行政处罚案件集体讨论记录》是记录农业行政处罚机关负责人集体讨论对情节复杂或者重大违法行为给予行政处罚时所使用的文书。

2. 集体讨论记录应当真实、准确、完整，如实、简明记录参加讨论的全体人员的身份、职务和主要意见，重点包括对案件事实认定、定性、适用法律等方面的意见。

3. 出席人员是指参与案件集体讨论的农业行政处罚机关负责人，一般为农业行政处罚机关领导班子成员。各单位可以根据案件具体情况确定出席人员和人数，但应当符合本单位规定的议事规则。

4. 列席人员是指列席会议的有关执法机构负责人、案件承办人、案件审核人员等有关人员。重大、复杂、疑难的案件，各地可以根据工作需要聘请法律顾问、公职律师或者邀请相关单位人员参与案件讨论。

5. 对参会人员的个人意见可进行概括记录，避免内容重复冗杂。执法机关主要负责人参加讨论的，要遵循末位表态的原则。

6. 所有参会人员都应当在讨论记录上签名。

7.《行政处罚案件集体讨论记录》应当标注页码（第 × 页　共 × 页）。

文书格式 51

××县农业农村局
行政处罚决定审批表

<table>
<tr><td colspan="2">案件名称</td><td colspan="4">××农资公司经营假农药案</td></tr>
<tr><td rowspan="3">当事人</td><td rowspan="3">单位</td><td>名称</td><td>××农资公司</td><td>统一社会信用代码</td><td>×××××××××××</td></tr>
<tr><td>负责人</td><td>朱××</td><td>联系电话</td><td>×××××××××</td></tr>
<tr><td>住　所</td><td colspan="3">××县××镇××路××号</td></tr>
<tr><td colspan="2">陈述申辩或听证情况</td><td colspan="4">本机关于20××年×月×日，依法向当事人送达了《行政处罚事先告知书》[×农（农药）罚告听〔20××〕×号]，告知了拟对当事人作出行政处罚的事实、理由、依据以及当事人依法享有陈述申辩和申请听证的权利和时限。当事人负责人朱××当场签收，表示放弃陈述申辩和申请听证。当事人在规定时间内也未向本机关陈述申辩和申请听证，视为其放弃陈述申辩和申请听证的权利。</td></tr>
<tr><td colspan="2">处理意见</td><td colspan="4">鉴于当事人在规定时间内也未向本机关陈述申辩和申请听证，视为放弃陈述申辩和申请听证的权利。建议按照《行政处罚事先告知书》[×农（农药）罚告听〔20××〕×号]告知的拟处罚内容作出处罚决定。
执法人员：张××　李××
20××年×月×日</td></tr>
<tr><td colspan="2">执法机构意见</td><td colspan="4">同意执法人员意见。
执法机构负责人：周××
20××年×月×日</td></tr>
<tr><td colspan="2">法制审核意见</td><td colspan="4">经法制审核，同意执法机构处罚意见。
法制审核人员：刘××
20××年×月×日</td></tr>
<tr><td colspan="2">集体讨论情况</td><td colspan="4">本案于20××年×月×日经本机关负责人集体讨论决定，对当事人经营假农药的违法行为，给予没收违法所得3240元，罚款30000元的行政处罚。</td></tr>
<tr><td colspan="2">农业行政处罚机关意见</td><td colspan="4">同意上述意见。
农业行政处罚机关负责人：郭××
20××年×月×日</td></tr>
</table>

《行政处罚决定审批表》注意事项：

1.《行政处罚决定审批表》是农业行政执法机构在案件调查终结之后，将案件情况和处理意见报请农业行政处罚机关负责人审查时使用的文书。

2.“案件名称”按照“当事人姓名（名称）+违法行为性质+案”的方式表述，由执法机构填写，注意不能再加“涉嫌”。

3.“陈述、申辩或者听证情况”填写当事人陈述、申辩或者听证情况，由执法机构填写。对当事人陈述申辩的内容可以进行概括记载，避免内容重复冗杂。

4.“处理意见”由执法人员提出维持或变更行政处罚事先告知书所拟作处罚决定的处理意见。

5.“法制审核（案件审核）意见”栏由法制审核（案件审核）机构（人员）根据审核情况简要填写审核结论，报审时应当将《法制审核（案件审核）表》附本表后。

6.“集体讨论情况”栏仅适用符合《农业行政处罚程序规定》第五十五条规定的案件，根据农业行政处罚机关负责人集体讨论情况填写集体讨论的结论或者决定，报审时应当将《行政处罚案件集体讨论记录》附本表后。

不需要集体讨论的案件可填写“本案不符合《农业行政处罚程序规定》第五十五条规定的情形，不需要本机关负责人集体讨论决定。”

7.“农业行政处罚机关意见”栏，由农业行政处罚机关负责人填写；符合《农业行政处罚程序规定》第五十五条规定情形的，由农业行政处罚机关主要负责人根据集体讨论决定填写。

文书格式 52

×× 市农业农村局
不予行政处罚决定书

× 农（兽药）不罚〔20××〕× 号

当事人：×× 市公园管理处
主体资格证照名称：事业单位法人证书
统一社会信用代码：××××××××××××××
法定代表人：×××　　　　联系电话：×××××××××
住　所：×× 市 ×× 区 ×× 路 × 号
公民身份号码：××××××××××××××

20×× 年 × 月 × 日，本机关执法人员在对当事人进行执法检查时，发现当事人兽药室药柜内存放有人用药品，涉嫌将人用药品用于动物，执法人员当场制作了勘验笔录，对当事人动物园园长做了询问，并将人用药品进行了就地封存。经依法批准立案后，× 月 × 日，执法人员对相关人员进行了询问，提取了当事人身份信息，复印了用药记录，并对兽医室现场进行了再次勘验并拍照取证，对涉案人用药品进行抽样取证。

经查明，自 20×× 年 × 月起，当事人自行到人用药店零星购买人用药品，用于对动物园内的珍稀动物如长颈鹿、海狮等治疗使用，使用的人用药品主要有头孢哌酮钠舒巴坦钠等，对一般的动物仍使用兽药治疗。当事人于 × 月 × 日提出免于行政处罚的申请，× 月 × 日递交了整改报告及相关整改材料。× 月 × 日，本机关执法人员对当事人提出的整改情况进行复核。经调查核实，当事人在本机关开展检查后，积极主动进行整改：一是将人药全部封存，并主动联系医疗废物集中处置中心，与其签订医疗废物处理合同，将人用药品、不合格兽药等药品交由其统一处置；二是配置了两个动物粪便收集箱，与市环境卫生管理所签订了生活垃圾清运合同书，将动物粪便集中收集、消毒、发酵无害化处理，避免了环境污染；三是与畜禽无害化处理专业机构签订动物尸体及组织无害化委托处理合同，履行了对病死动物无害化处理的法定义务，避免了对环境的危害。

上述事实，主要有以下证据证明：

证据一：当事人法人证书复印件 1 份、动物园承包合同及《委托书》复印件各 1 份、×× 市市政园林管理处《关于引资承包经营公园动物园的请示》1 份，动物园承包人个人委托书及被委托人身份证复印件 1 份，证明当事人的违法主体资格。

证据二：动物防疫条件合格证 1 份、中华人民共和国兽医师资格证书 1 份，证明相关被询问人员身份资格。

证据三：询问笔录 3 份、现场检查笔录 1 份及照片 5 张、现场勘验笔录 2 份及照片 4 张、抽样取证凭证 1 份、药品使用台账记录 8 张，证明当事人将人用药品用于动物的违法事实。

证据四：当事人整改报告 1 份、生活垃圾清运合同书、动物尸体及组织无害化委托处理合同、医疗废物委托处置合同复印件各 1 份，证明当事人整改情况属实。

20×× 年 × 月 × 日，本机关向当事人直接送达了《×× 市农业农村局不予行政处罚事先告知书》[× 农（兽药）不罚告〔20××〕× 号]，根据《中华人民共和国行政处罚法》第四十四条、第四十五条的规定，告知了拟对当事人不予行政处罚的事实、理由、依据以及当事人可以在收到告知书之日起 3 日内依法享有陈述申辩的权利。当事人收到不予行政处罚事先告知书当日，书面提出不予陈述申辩，并作出了“加强内部管理，认真学习国家法律法规，严格执行法律法规，规范野生动物饲养管理”的承诺。

本机关认为：当事人将人用药品用于动物的行为，违反了《兽药管理条例》第四十一条第四款“禁止将人用药品用于动物”之规定，鉴于：一是当事人饲养的动物多为大型珍稀野生动物且主要作观赏用，不以食用为目的，不涉及食品安全。在饲养过程中，考虑到动物价值比较大，在一般兽药无法保证疗效的情况下，将人用药品用于动物，主观上是为了确保动物能够得到有效治疗。当事人虽然将人用药品用于动物，但使用的次数、数量较少，范围仅限珍稀野生动物，违法行为轻微，没有造成危害后果；二是当事人知道行为违法后，积极主动进行整改，主动消除了人用药品用于动物可能对环境等造成的危害后果。依据《中华人民共和国行政处罚法》第三十三条“违法行为轻微并及时改正，没有造成危害后果的，不予行政处罚”的规定，本机关做出不予行政处罚的决定。

依据《中华人民共和国行政处罚法》第三十三条第三款的规定，对你单位进行教育，具体内容如下：

1. 进一步加强兽药管理和规范使用。

2. 严格规范动物尸体和粪污无害化处理。

如对本决定不服，可以在收到本决定书之日起 60 日内向 ×× 市人民政府申请行政复议；也可以 6 个月内向 ×× 市 ×× 区人民法院提起行政诉讼。

××市农业农村局

×× 市农业农村局

20×× 年 × 月 × 日

《不予行政处罚决定书》注意事项：

1.《不予行政处罚决定书》是农业行政处罚机关对符合法定不予处罚情形依法作出不予行政处罚决定时使用的文书。

2. 违法事实不成立、不予行政处罚的情形不适用本文书。

3.“案件来源及调查经过及采取查封（扣押）的情况”部分，可以写明案件线索来源、核查及立案的时间，以及采取的先行登记保存、行政强制措施、现场检查、抽样取证等案件调查情况。

4.“违反法律、法规或者规章的事实”部分，应当准确表述查明的案件事实，包括违法行为的时间、地点、目的、手段、情节、违法所得、危害结果、主观过错等。

5.“相关证据及证明事项”部分，应当将认定案件事实所依据的证据列举清楚，所列举证据应当符合证据规则，能够认定案件事实。必要时可以将证据与所证明的事实分类列明。

6.“行政处罚告知及当事人陈述、申辩、听证及采纳情况”部分，如已履行行政处罚告知、听取当事人陈述、申辩，或者组织听证的，应当记载行政处罚告知或者行政处罚听证告知送达情况，当事人申述、申辩、申请听证的意见理由等相关情况。

7.“违法行为性质、不予行政处罚的决定和理由”部分，写明对当事人违法行为的定性及依据，以及不予行政处罚的理由及依据。

（1）违法事实不能成立的，不予行政处罚；

（2）违法行为轻微并及时改正，没有造成危害后果的，不予行政处罚；

（3）当事人有证据足以证明没有主观过错的，不予行政处罚，但法律、行政法规另有规定的除外；

（4）初次违法且危害后果轻微并及时改正的，可以不予行政处罚；

（5）违法行为超过追责时效的，不再给予行政处罚。

8.《不予行政处罚决定书》应当告知当事人不服本决定享有的救济权利及法定期限。决定责令当事人改正违法行为，未单独制作责令改正文书的，可以在本文书中一并表述。

9.《不予行政处罚决定书》应当标注页码（第 × 页　共 × 页）。

文书格式 53

×× 县农业农村局
行政处罚决定书

× 农（农药）罚〔20××〕× 号

当 事 人：×× 农资公司

主体资格证照名称：营业执照

统一社会信用代码：××××××××××××

住　　所：×× 县 ×× 路 × 号

负 责 人：朱 ××

公民身份号码：××××××××××××

当事人经营假农药一案，经本机关依法调查，现查明：

20×× 年 × 月 × 日，本机关对当事人经营的农药“草甘膦异丙铵盐”（产品包装标签上标注：“农药名称：草甘膦异丙胺盐、有效成分含量：草甘膦 30%、草甘膦异丙胺盐含量：41%、农药登记证号：PD2014××××、剂型：水剂、净含量：1000g/ 瓶、生产日期：20××××××、生产厂家：×× 药业有限公司”）进行抽样。20×× 年 × 月 × 日，本机关收到《检测报告》（编号 :NO.××××）：该农药样品中铵离子检出实值为 5.1%，异丙胺离子未检测出，异丙胺离子分数不符合 GB/T20684-2017 国家标准要求，样品判定为不合格。按照《农药管理条例》第四十四条第一款第二项“有下列情形之一的，认定为假农药：（二）以此种农药冒充他种农药”之规定，认定该批次“草甘膦异丙铵盐”农药产品为假农药。

20×× 年 × 月 × 日，经本机关负责人依法批准立案调查。

20×× 年 × 月 × 日，本机关执法人员向当事人送达了《×× 县农业农村局检测结果告知书》[× 农（农药）检告〔20××〕× 号]（附检测报告）。告知当事人检测结果和当事人享有申请复检的权利和时限，当事人明确表示不申请复检并签字确认。执法人员对当事人农药经营场所和仓库进行现场检查，未发现涉案农药。执法人员对当事人负责人朱××进行了询问。当事人负责人朱××对执法人员抽样时拍摄的该“草甘膦异丙铵盐”农药产品照片进行了签名确认。执法人员查阅当事人计算机上用于记录农药采购、销售记录和库存信息的“农资管家”软件，对“农资管家”软件中该“草甘膦异丙铵盐”农药的商品信息、采购记录、销售记录等证据进行取证。对当事人的营业执照、农药经营许可证、当事人负责人朱××的身份证进行了取证。同日，执法人员根据当事人销售台账记录的购买人信息，随机调查走访了购买并使用该产品的农户5名，确认采购情况属实，并对农户的产品使用情况进行调查并登记。受访农户均表示该农药效果达到预期，未产生其他危害。

经查：20××年×月×日，当事人从××市××农资店采购该批次“草甘膦异丙胺盐”农药产品15件，12瓶/件，共180瓶，采购价格为16元/瓶，销售价格为18元/瓶，至20××年×月×日已全部售完，共获销售收入3240元。其中包括执法机关抽检样品数量3瓶，并按18元/瓶支付的样品费54元。

上述事实，主要有以下证据证实：

证据一：当事人营业执照、农药经营许可证、负责人身份证复印件各1份，证明当事人的经营主体资格合法有效。

证据二：农药抽样单（编号：NO.××××）1份、《检测报告》（编号：NO.××××）1份、中国农药信息网农药登记信息查询网页打印件×份、涉案产品“草甘膦异丙胺盐”照片×张、检测报告送达回证及当事人不申请复检的说明各1份，证明当事人经营的该产品为假农药。

证据三：询问笔录（朱××）1份、现场检查笔录1份、现场检查照片1份、农资管家软件内该“草甘膦异丙胺盐”商品信息、采购记录、销售记录电子数据截图打印件×份，证明当事人该农药产品的违法事实和销售金额。

以上证据获取程序合法，证据确实充分且相互印证，证明了当事人的违法事实。

本机关认为，当事人共采购、销售该批次“草甘膦异丙胺盐”农药产品15件，每件12瓶，共180瓶。采购价格为16元/瓶，共2880元；销售价格为18元/瓶，销售收入共计3240元。以上15件共180瓶该农药产品为一次性采购，经查证属于同一批次。按照《农业农村部办公厅关于〈农药管理条例〉中认定“违法所得”“货值金额”问题的函》（农办政函〔2018〕52号）第一条：“农药行政违法案件中的‘违法所得’，是指违反《农药管理条例》的规定，从事农药生产、经营等活动所取得的销售收入”的规定，认定当事人经营假农药的违法所得为3240元。按照《最高人民法院、最高人民检察院关于办理生产、销售伪劣商品刑事案件具体应用法律若干问题的解释》（法释〔2001〕10号）第二条第三款“货值金额以违法生产、销售的伪劣产品的标价计算；没有标价的，按照同类合格产品的市场中间价格计算。货值金额难以确定的，按照国家计划委员会、最高人民法院、最高人民检察院、公安部 1997 年 4 月 22 日联合发布的《扣押、追缴、没收物品估价管理办法》的规定，委托指定的估价机构确定”的规定，当事人经营场所内该批农药产品已经全部销售，查看不到标价，但当事人农资管家软件内该农药产品的商品管理页面内的预设零售价和批发价均为 216 元 / 件，折算为 18 元 / 瓶，且销售记录显示当事人销售该农药产品的单价全部为 18 元 / 瓶。该软件内订单编号为系统自动生成，含有生成日期，当事人记录的采购、销售时间与订单编号内生成日期相符，当事人记录的信息真实准确。因此，认定该农药产品的标价为 18 元 / 瓶，认定当事人经营该“草甘膦异丙胺盐”假农药的货值金额为 3240 元。

本机关认为，当事人经营的本案涉案产品的包装和标签与中国农药信息网农药登记信息一致，符合《农药包装和说明管理办法》的规定，在对当事人负责人朱 ×× 的询问中，其陈述在采购农药后查验了包装标签，履行了进货查验义务，在调查过程中，当事人能主动配合调查。但上述行为属于当事人应尽的法律义务，且当事人经营假农药行为已经在客观上造成了扰乱农资市场管理秩序的违法行为后果。经调查，该农药产品使用后虽未造成农业生产事故，但对农业生产和农民合法权益的潜在危害依然存在。当事人的行为不符合《规范农业行政处罚自由裁量权办法》（农业农村部 180 号公告）第十四条规定的依法应当从轻或减轻处罚情形。

本机关于 20×× 年 × 月 × 日依法直接向当事人送达了《×× 县农业农村局行政处罚事先告知书》[× 农（农药）罚告听〔20××〕× 号]，告知了拟对当事人作出行政处罚的事实、理由、依据以及当事人依法享有陈述申辩和申请听证的权利和时限。当事人负责人朱 ×× 当场签收，并表示放弃陈述申辩和申请听证。且当事人在规定时间内也未向本机关陈述申辩或申请听证，视为其放弃陈述申辩和申请听证的权利。

本机关认为：当事人经营假农药“草甘膦异丙胺盐”的行为符合《农药管理条例》第五十五条第一款第二项“农药经营者有下列行为之一的，由县级以上地方人民政府农业主管部门责令停止经营，没收违法所得、违法经营的农药和用于违法经营的工具、设备等，违法经营的农药货值金额不足 1 万元的，并处 5000 元以上 5 万元以下罚款，货值金额 1 万元以上的，并处货值金额 5 倍以上 10 倍以下罚款；构成犯罪的，依法追究刑事责任：（二）经营假农药”规定的情形，依法应当给予行政处罚。

依照《农药管理条例》第五十五条第一款第二项“农药经营者有下列行为之一的，由县级以上地方人民政府农业主管部门责令停止经营，没收违法所得、违法经营的农药和用于违法经营的工具、设备等，违法经营的农药货值金额不足1万元的，并处5000元以上5万元以下罚款，货值金额1万元以上的，并处货值金额5倍以上10倍以下罚款；构成犯罪的，依法追究刑事责任：(二) 经营假农药”和《湖北省农业行政处罚自由裁量权指导基准〈农药管理条例〉》序号20“经营假农药的，违法经营的产品货值金额3000元以上不足6000元的，并处2万元以上3.5万元以下罚款”之规定，经本机关负责人集体讨论，责令当事人停止经营假农药的违法行为，并作出如下处罚决定：

1. 没收违法所得3240元；

2. 罚款30000元。

上述罚没款合计33240元。

当事人必须在收到本处罚决定书之日起15日内持本决定书到××银行××支行(账号：×××××××××××××，地址：××县××路×号) 缴纳罚没款。逾期不按规定缴纳罚款的，每日按罚款数额的3%加处罚款。

当事人对本处罚决定不服的，可以在收到本处罚决定书之日起60日内向××县人民政府申请行政复议；或者6个月内向××县人民法院提起行政诉讼。行政复议和行政诉讼期间，本处罚决定不停止执行。

当事人逾期不申请行政复议或者提起行政诉讼，也不履行本行政处罚决定的，本机关将依法申请人民法院强制执行。

××县农业农村局

20××年×月×日

《行政处罚决定书》注意事项：

1.《行政处罚决定书》是农业行政处罚机关适用普通程序办理行政处罚案件，依法对当事人作出行政处罚决定时使用的文书。

2.“案件来源”部分，可写明案件线索来源、核查及立案的时间；“调查经过”部分，可写明询问、抽样取证、现场检查或者勘验、检验检测、证据先行登记保存等调查过程；“采取查封（扣押）的情况”部分，可写明采取查封（扣押）行政强制措施情况。

3.“违反法律、法规或者规章的事实”部分，应当写明从事违法行为的时间、地点、情节、危害结果等。

4.“相关证据及证明事项”部分，应当将认定案件事实所依据的证据列举清楚，所列举证据应当符合证据的基本要素，根据证据规则能够认定案件事实。

5.“当事人陈述、申辩情况，当事人陈述、申辩的采纳情况及理由；行政处罚告知、行政处罚听证告知情况，以及复核、听证过程及意见”部分，应当写明行政处罚告知或者行政处罚听证告知送达情况，以及对当事人陈述、申辩意见的复核程序和听证程序，说明农业行政处罚机关的复核意见以及采纳或者不予采纳的理由。经过听证的案件，还应当写明听证意见。

6.“违法行为性质及定性、处罚依据、裁量的依据和理由，以及行政处罚的内容和依据”部分，应当写明行政处罚的依据，包括违法行为的定性依据和处罚依据，列明有关法律、法规、规章的具体条款；应当从违法案件的具体事实、性质、情节、社会危害程度等方面，结合当事人的主观过错，阐明行政处罚自由裁量的依据和理由，以及对当事人从重或者从轻、减轻处罚的情形；应当写明行政处罚的内容，包括对当事人给予处罚的种类和数额，有多项的应当分项写明。

7.《行政处罚决定书》应当标注页码（第 × 页　共 × 页）。

文书格式 54

×× 市农业农村局
送 达 回 证

送达文书名称及文号	《×× 市农业农村局行政处罚决定书》
受送达人	×× 市 ×× 农资店
送达时间	20×× 年 × 月 × 日 × 时 × 分
送达地点	×× 市 ×× 区 ×× 路 × 号（当事人经营场所）
送达方式	直接送达
收件人	收件人（签字或盖章）：朱 ×× 20×× 年 × 月 × 日
送达人	送达人（签字或盖章）：张 ×× 李 ×× 20×× 年 × 月 × 日
备　注	/

《送达回证》注意事项：

1.《送达回证》是农业行政处罚机关依法向当事人送达法律文书，记载相关文书送达情况时使用的文书。

2.“受送达人”指案件当事人。

3.“送达时间”应当精确到日，也可根据实际情况精确到“××月××日××时××分”。

4.“送达地点”应当填写街道、楼栋、单元、门牌号等完整信息。

5.“送达方式”应当填写直接送达、留置送达、邮寄送达、委托送达及其他合理的送达方式。

6.“收件人”应当签名、盖章或者按指印，并填写收件时间；收件人不是当事人时，应当在备注栏中注明其身份和与当事人的关系。

7.“送达人”指农业行政处罚机关的执法人员或者执法机构委托的有关人员。

文书格式 55

××县农业农村局
送达地址确认书

<table>
<tr><td>受送达人</td><td colspan="2">张××</td></tr>
<tr><td>告知事项</td><td colspan="2">依据《农业行政处罚程序规定》第六十九条第二款的规定，告知如下：
一、为便于及时收到农业行政处罚机关的相关文书，保证案件调查的顺利进行，农业行政处罚机关可以要求受送达人签署送达地址确认书，送达至受送达人确认的地址，即视为送达。
二、受送达人送达地址发生变更的，应当及时书面告知农业行政处罚机关；未及时告知的，农业行政处罚机关按原地址送达，视为依法送达。
三、因受送达人提供的送达地址不准确、送达地址变更未书面告知农业行政处罚机关，导致执法文书未能被受送达人实际接收的，直接送达的，执法文书留在该地址之日为送达之日；邮寄送达的，执法文书被退回之日为送达之日。
四、经受送达人同意，可以采用手机短信、传真、电子邮件、即时通讯账号等能够确认其收悉的电子方式送达执法文书，手机短信、传真、电子邮件、即时通讯信息等到达受送达人特定系统的日期为送达日期。</td></tr>
<tr><td rowspan="5">送达地址及送达方式</td><td>是否接受电子送达
☑是 ☐否</td><td>☐手机号码：
☐传真号码：
☑电子邮件地址：××××××@qq.com
☐即时通讯账号：
以传真、电子邮件等到达本人特定系统的日期为送达日期。</td></tr>
<tr><td>送达地址</td><td>××县××镇××路×号</td></tr>
<tr><td>收件人</td><td>张××</td></tr>
<tr><td>收件人联系电话</td><td>13×××××××××</td></tr>
<tr><td>邮政编码</td><td>42××××</td></tr>
<tr><td>受送达人确认</td><td colspan="2">本人已经阅读上述告知事项，保证以上送达地址及送达方式准确、有效，清楚了解并同意本确认书内容及法律意义。
受送达人：张××
20××年×月×日</td></tr>
<tr><td>备注</td><td colspan="2">/</td></tr>
</table>

《送达地址确认书》注意事项：

1.《送达地址确认书》是农业行政处罚机关经当事人同意，对法律文书的送达地址进行确认时使用的文书。

2. 短信接收手机号码、电子邮箱账号、传真号码和即时通讯账号（微信、QQ 等）可以多选。

3. 当事人或委托代理人签署本文书的，应当提供有相应权限的授权委托书及委托代理人的身份证明文件。

4. 经受送达人同意采用电子方式送达文书，送达后需要填写送达回证，送达回证应附送达相关的佐证资料。

5.《送达地址确认书》载明的地址可以是受送达人的住所、单位所在地址、代收人地址、电子邮件地址或者其他可以接收法律文书的地址。

6. 受送达人确认中“本人已经阅读（已向本人宣读）上述告知事项，保证以上送达地址及送达方式准确、有效，清楚了解并同意本确认书内容及法律意义。”应由当事人手写，并签名、盖章或按指印。

7. 如受送达人对本文书的适用范围和期限有明确要求的，应当在备注栏中注明。

文书格式 56

××市农业农村局
送达公告

×农（农药）送告〔20××〕×号

××市××农资店：

本机关于20××年×月×日依法对你作出行政处罚决定，因采用直接送达、留置送达、邮寄送达等其他方式均无法有效送达，依据《农业行政处罚程序规定》第七十二条的规定，本机关决定依法向你公告送达《××市农业农村局行政处罚决定书》[×农（农药）罚〔20××〕×号]，内容为：你经营的标称××公司生产的××农药，经检验，××成分未检测出。你经营假农药行为，违反了《农药管理条例》第四十四条之规定，依据《农药管理条例》第五十五条之规定，本机关责令你立即停止经营假农药违法行为，并给予如下处罚决定：1. 没收违法所得5240元；2. 罚款30000元。

请你自本公告发布之日起30日内到本机关领取，逾期不领取即视为送达。

你必须在收到本处罚决定书或逾期不领取视为送达之日起15日内持本决定书到××银行缴纳罚（没）款。逾期不按规定缴纳罚款的，每日按罚款数额的百分之三加处罚款。

你对本处罚决定不服的，可以在收到本处罚决定书之日起60日内向××市人民政府申请行政复议；或者6个月内向××市××区人民法院提起行政诉讼。行政复议和行政诉讼期间，本处罚决定不停止执行。

你逾期不申请行政复议或者提起行政诉讼，也不履行本行政处罚决定的，本机关将依法申请人民法院强制执行。

联系人：郭××　　　　联系电话：××××××

联系地址：××市××街办××路×号　　　　邮编：××××××

××市农业农村局

20××年×月×日

《送达公告》注意事项：

1.《送达公告》是农业行政处罚机关依法采取公告方式送达行政处罚事先告知书、行政处罚决定书、履行行政处罚决定催告书等有关文书时使用的文书。

2. 公告内容应当说明送达文书的名称、文号和主要内容，当事人依法享有陈述、申辩、申请听证、行政复议、诉讼等权利的，应当一并公告。

3. 公告送达前，应当先采取直接送达、留置送达、邮寄送达、委托送达及其他合理的送达方式。

4. 公告送达的，可以在农业行政处罚机关公告栏和受送达人住所地张贴公告，也可以在报纸或者农业农村部门门户网站等刊登公告。

5. 在农业行政处罚机关公告栏和受送达人住所地张贴公告的，应当采取拍照、录像等方式记录张贴过程。

文书格式 57

×× 市农业农村局
履行行政处罚决定催告书

×农（农药）执催〔20××〕×号

××市××农资店：

本机关于20××年×月×日依法对你作出行政处罚决定（×农（农药）罚〔20××〕×号），并已依法送达。现履行期限届满，你尚未履行行政处罚决定。

依据《中华人民共和国行政强制法》第五十四条的规定，本机关决定依法催告你自收到本催告书之日起10个工作日内依法履行行政处罚决定。无正当理由逾期不履行的，本机关将依法申请人民法院强制执行。

联系人：郭××　　　　联系电话：××××××

联系地址：××市××街办××路×号　　　　邮编：××××××

××市农业农村局

20××年×月×日

《履行行政处罚决定催告书》注意事项：

1.《履行行政处罚决定催告书》是农业行政处罚机关依法申请人民法院强制执行之前，催告当事人履行行政处罚决定书时使用的文书。

2. 应当写明作出行政处罚决定的日期和送达情况，有延期（分期）缴纳罚款的，写明作出延期（分期）缴纳罚款决定的日期，告知当事人履行期限届满，催告其履行行政处罚决定。逾期不履行的，行政处罚机关将依法申请人民法院强制执行。

3. 实施催告的时间。当事人在法定期限内不申请行政复议或者提起行政诉讼，又不履行行政处罚决定的，农业行政处罚机关可以自期限届满之日起3个月内，依法申请人民法院强制执行。

4. 农业行政处罚机关申请人民法院强制执行前，应当催告当事人履行义务。催告书送达10个工作日后当事人仍未履行义务的，农业行政处罚机关可以向所在地有管辖权的人民法院申请强制执行；执行对象是不动产的，向不动产所在地有管辖权的人民法院申请强制执行。

文书格式 58

××县农业农村局
强制执行申请书

×农（农药）执申〔20××〕×号

申请人：××县农业农村局
住所：××县××路×号
法定代表人：刘××
公民身份号码：42××××××××××××××××
被申请人：××县××路××农资店
公民身份号码：42××××××××××××××××
负责人：朱××
统一社会信用代码：×××××××××
联系电话：××××××

请求事项：

申请××县人民法院强制执行：

1. 被申请人未依法履行的《行政处罚决定书》（×农（农药）罚〔20××〕×号）

2. 加处罚款×××元，计算方式为被申请人收到《行政处罚决定书》之日起15日内不按规定缴纳罚款，从第16日起每日按罚款数额的百分之三加处罚款。

申请强制执行的事实和理由：

申请人于20××年×月×日对被申请人经营假农药案依法作出《行政处罚决定书》（×农（农药）罚〔20××〕×号），并已于20××年×月×日送达被申请人，被申请人在法定期限内未履行行政处罚决定，也未申请行政复议或者提起行政诉讼。

本机关于20××年×月×日向被申请人送达了《行政处罚决定履行催告书》[×农（农药）执催〔20××〕×号]，被申请人在规定期限内仍未履行行政处罚决定。根据

《中华人民共和国行政强制法》第五十三条、第五十四条的规定，特向人民法院申请强制执行。

联系人：胡××、夏××　　　　联系电话：××××××××
联系地址：××县××路×号　　　　邮编：××××××

附件：1.《行政处罚决定书》[×农（农药）罚〔20××〕×号]及《送达回证》各1份（共×页）
2.《行政处罚决定履行催告书》[×农（农药）执催〔20××〕×号]1份（共×页）
3. 法定代表人身份证明和授权委托书各1份（共×页）
4. 当事人意见1份（共×页）
5. 其他材料3份（共×页）

××县农业农村局
20××年7月28日

《强制执行申请书》注意事项：

1.《强制执行申请书》是农业行政处罚机关依法申请人民法院强制执行时使用的文书。

2. 当事人在法定期限内不申请行政复议或者提起行政诉讼，又不履行行政处罚决定，且在收到催告书10个工作日后仍不履行行政处罚决定的，农业行政处罚机关可以在期限届满之日起3个月内依法申请人民法院强制执行。

3. 行政处罚机关向人民法院申请强制执行时，请求事项应当就行政处罚决定中当事人未履行的部分申请强制执行。对到期不缴纳罚款的当事人加处罚款的，申请强制执行时应当一并申请。

4. 行政处罚机关向人民法院申请强制执行，应当提供下列材料：(1) 强制执行申请书；(2) 行政处罚决定书及作出处罚决定的事实、理由和依据；(3) 当事人的意见及行政机关催告情况；(4) 申请强制执行标的情况；(5) 法律、行政法规规定的其他材料。

5. 加处罚款不能随意减免。2019年，全国人大法工委"对行政处罚加处罚款能否减免问题的意见"：行政强制法第四十二条第一款规定：实施行政强制执行，行政机关可以在不损害公共利益和他人合法权益的情况下，与当事人达成执行协议。执行协议可以约定分阶段履行；当事人采取补救措施的，可以减免加处的罚款或者滞纳金。该规定中实施行政强制执行包括行政机关自行强制执行，也包括行政处罚机关申请法院强制执行。人民法院受理行政强制执行申请后，行政处罚机关不宜减免加处的罚款。

6. 行政处罚机关批准延期、分期缴纳罚款的，申请人民法院强制执行的期限，自暂缓或者分期缴纳罚款期限结束之日起计算。准确把握申请强制执行的期限，避免超期申请。

7.《强制执行申请书》应当写明申请人及被申请人基本情况、采取行政措施或者作出行政处罚决定情况、申请执行内容、送达情况和催告等有关情况。

文书格式 59

×× 市农业农村局
延期 / 分期缴纳罚款通知书

× 农（农药）延通〔20××〕× 号

××市××农资店：

本机关于20××年×月×日对你作出《农业行政处罚决定书》（×农（农药）罚〔20××〕×号）中所处以下罚款（大写）叁万元整（￥30000.00）。你于20××年×月×日向本机关提出延期缴纳罚款的申请。

根据《中华人民共和国行政处罚法》第六十六条、《农业行政处罚程序规定》第八十一条的规定，本机关同意你暂缓缴纳：

暂缓缴纳的罚款，限你于20××年×月×日前缴清。

到期不缴纳罚款，依据《中华人民共和国行政处罚法》第七十二条的规定，本机关将每日按罚款数额的百分之三加处罚款，并依法申请人民法院强制执行。

××市农业农村局

20××年×月×日

××市农业农村局
分期缴纳罚款通知书

×农（农药）分通〔20××〕×号

××市××农资店：

本机关于20××年×月×日对你作出《农业行政处罚决定书》（×农（农药）罚〔20××〕×号）中所处以下罚款（大写）叁万元整（¥30000.00）。你于20××年×月×日向本机关提出分期缴纳罚款的申请。

根据《中华人民共和国行政处罚法》第六十六条、《农业行政处罚程序规定》第八十一条的规定，本机关同意你分期缴纳：

分期缴纳的罚款，限你于20××年×月×日前分3期缴清。

于20××年×月×日前缴纳第一期（大写）壹万元整（¥10000.00）；

于20××年×月×日前缴纳第二期（大写）壹万元整（¥10000.00）；

于20××年×月×日前缴纳第三期（大写）壹万元整（¥10000.00）；

到期不缴纳罚款，依据《中华人民共和国行政处罚法》第七十二条的规定，本机关将每日按罚款数额的百分之三加处罚款，并依法申请人民法院强制执行。

××市农业农村局

20××年×月×日

《延期 / 分期缴纳罚款通知书》注意事项：

1.《延期（分期）缴纳罚款通知书》是当事人确有经济困难，需要延期或者分期缴纳罚款，向农业行政处罚机关提出书面申请，农业行政处罚机关负责人依法批准同意后，告知当事人时使用的文书。

2. 注意当事人申请条件。一是确有经济困难的；二是应当在行政处罚决定书确定的缴纳期限届满前（15 日内）书面申请。延期或分期缴纳罚款择一适用。

3. 同意延期缴纳的，应当明确缴纳的最后期限；同意分期缴纳的，应当明确每期缴纳的数额和期限。

4. 延期、分期缴纳罚款期限，依照法律、法规规定执行。

5. 分期或延期缴纳只针对罚款，应当没收的违法所得不适用延期或者分期。

文书格式 60

××市农业农村局
罚没物品处理记录

处理物品：见《罚没物品清单》（文书编号：××××）

物品来源：依法对××市××农资店经营假农药进行处罚，根据《××市农业农村局农业行政处罚决定书》[×农（农药）罚〔20××〕×号]没收的违法农药产品。

处理时间：20××年×月×日×时×分

处理地点：××市危废处理公司

执行人：胡××、夏××

记录人：胡××

处理情况：根据××市财政局《关于同意××市农业农村局罚没农药处罚方案的批复》，20××年×月×日执法人员胡××、夏××与罚没物品仓库保管员胡×、××市农业农村局政策法规科尤×、××市财政局非税中心程××一起，在××市农业罚没物品仓库将××市××农资店经营假农药一案没收的×××瓶××农药交由××市危废处理公司工作人员，并一同跟随专用运输车辆到××市危废处理公司焚烧车间，见证××市危废处理公司工作人员将上述农药送焚烧炉进行焚烧处理。双方办理了交接手续和焚烧处理证明。

附件：1. 交接手续和焚烧处理证明各1份（共×页）

2. 物品处理过程的照片×张、录像×份

执法人员签名：胡×× 20××年×月×日

执法人员签名：夏×× 20××年×月×日

执法机构负责人签名：王×× 20××年×月×日

××市农业农村局

20××年×月×日

《罚没物品处理记录》注意事项：

1.《罚没物品处理记录》是农业行政处罚机关对依法没收的非法财物进行处理时使用的文书。

2. 处理物品：一般是随案件办理后产生的罚没物品，在《罚没物品清单》中进行详细记载。

3. 物品来源：可以填写行政处罚决定书、实施行政强制措施决定书等文书及文号。

4. 处理情况中应当详细记录物品的自然状况和质量状况以及参与处理的部门、人员、处理过程、处理结果等。参与人员建议增加监督人，一般是指纪检、法制、财务等机构的工作人员，也可以是第三方见证物品处理过程的人员。

5. 处理依据是指农业行政处罚机关依据财政部《罚没财物管理办法》和本地罚没物资处理制度。

6. 根据实际情况，可附物品处理过程的照片、录像等资料。

7.《罚没物品处理记录》应当标注页码（第 × 页　共 × 页）。

文书格式 61

××市农业农村局
罚没物品清单

文书编号：×××××××

序号	财物名称	规格	生产日期（批号）	生产经营单位	数量
1	××农药	200g/瓶	20××年×月×日	××农药公司	100
2	××农药	500g/袋	20××年×月×日	××农药公司	500
	（以下空白）				

上述内容经核对无误。

当事人签名（盖章或按指印）：朱×× 20××年×月×日

见证人签名（盖章或按指印）：/ 20××年×月×日

执法人员签名：胡×× 执法证件号：17×××××× 20××年×月×日

执法人员签名：夏×× 执法证件号：17×××××× 20××年×月×日

《罚没物品清单》注意事项：

1.《罚没物品清单》是农业行政处罚机关依法没收非法财物时使用的文书。

2. 当事人核对无误后，可由其在清单末尾写明“上述内容经核对无误”。清单应当由当事人逐页签名、盖章或者按指印确认。执法人员应当在清单上逐页签名。

3. 规格按最小包装规格填写。

文书格式 62

××市农业农村局
行政处罚结案报告

<table>
<tr><td>案件名称</td><td colspan="3">××市××农资店经营假农药案</td></tr>
<tr><td>立案时间</td><td>20××年×月×日</td><td>案件承办人员</td><td>胡××、夏××</td></tr>
<tr><td>处理决定
文书号</td><td>行政处罚决定书
[×农（农药）罚〔20××〕×号]</td><td>处理决定日期</td><td>20××年×月×日</td></tr>
<tr><td>结案
情况</td><td colspan="3">☑行政处罚决定由当事人履行完毕
□行政处罚决定由人民法院裁定终结执行
□不予行政处罚
□行政处罚决定被依法撤销
□移送其他行政管理部门
□移送司法机关
□其他：</td></tr>
<tr><td>行政处罚
内容</td><td colspan="3">1. 没收××农药×××瓶；
2. 没收违法所得5240元；
3. 罚款30000元。
上述罚没款合计35240元。</td></tr>
<tr><td>行政处罚
执行方式</td><td>☑主动履行
□强制执行
□其他：</td><td>罚没财物
处置情况</td><td>20××年×月×日已按规定送有资质企业焚烧处理。</td></tr>
<tr><td>执法机构
意见</td><td colspan="3">同意结案。

执法机构负责人：周××
20××年×月×日</td></tr>
<tr><td>农业行政
处罚机关
意见</td><td colspan="3">同意结案。

农业行政处罚机关负责人：刘××
20××年×月×日</td></tr>
<tr><td>备注</td><td colspan="3">截至结案日止，当事人未申请行政复议和行政诉讼。</td></tr>
</table>

《行政处罚结案报告》注意事项：

1.《行政处罚结案报告》是案件终结后，执法机构报请农业行政处罚机关负责人批准结案时使用的文书。

2."案件名称"栏按照"当事人姓名（名称）+违法行为性质+案"的方式表述。案件终止调查、违法事实不能成立、立案调查后移送其他行政管理部门或者司法机关处理的，按照"当事人姓名（名称）+涉嫌+违法行为性质+案"的方式表述。

3.《行政处罚结案报告》应当对案件的办理情况进行总结，给予行政处罚的，写明处罚决定的内容及执行方式；不予行政处罚的应当写明理由；予以撤销案件的，写明撤销的理由。案件终止调查或者违法事实不能成立的，不需填写"处理决定文书"栏。

4.罚没物品处置情况应当写明罚没物品的处置时间、方式及结果。

5.在备注中说明当事人申请行政复议和行政诉讼情况。

文书格式 63

卷内备考表

本卷情况说明：

本案卷共有文件材料 × 页，其中文字材料 × 页，照片 × 页，视频资料 × 份。无缺损、无修改。

立 卷 人：胡××、夏××

检 查 人：陈××

立卷时间：20××年×月×日

《卷内备考表》注意事项：

1.《卷内备考表》是根据档案管理有关规定，农业行政执法机关在案件办结归档时，记录、说明案卷内材料状况所使用的文书。

2.“本卷情况说明”写明有无缺损、修改、补充、部分灭失等情况。

3.“立卷人”应当有整理装订案卷的工作人员签名，一般是指农业行政执法办案人员，也可以是负责档案工作的人员。

4.“检查人”应当由负责检查案卷质量的审核人员签名。

5.“立卷时间”应当填写案卷整理完毕，并经审核合格予以归档的日期。